TINTO 4

Arbeitsheft
Sprache • Lesen

von
Stephanie Aschenbrandt
Gerlinde Freyer
Katja Gade

illustriert von
Eva Czerwenka, Peter Kast, Kristina Klotz,
Tobias Krejtschi, Anke Sebening,
Christa Unzner

Deine **interaktiven Gratis-Übungen** findest du hier:

1. Gib den unten stehenden Zugangscode in die Box ein.
2. Hab viel Spaß mit deinen Gratis-Übungen.

Dein Zugangscode auf
go.cornelsen.de | djpt3-uoq2v

Cornelsen

Inhaltsverzeichnis

Strom überall

Vom Leben der Wale

Mein Fahrrad

Einfach genial!

Eine Zeitung entsteht

Das kann ich schon aus der 3. Klasse

Wörter nach dem Alphabet ordnen

1 Ordne die Namen der Kinder nach dem Alphabet und nummeriere.
Finde den Lösungssatz.

	Anna	I
	Ben	R
1.	Alina	W

	Levi	N
	Esra	S
	Indira	R
	Laura	E
	Ida	A
	Felix	T
	Julian	T

	Mila	U
	Murat	R
	Malati	D
	Tim	H
	Tarun	C

Lösungssatz: W_ _ _ _ _ _ _ _ _ _ _ _ _ _ _!

Nomen und Nomen/Verben und Nomen zusammensetzen

2 Bilde zusammengesetzte Nomen.

die Musik + das Buch → das Musikbuch

die Feder + die Tasche → ____________________

treffen + der Punkt → ____________________

sprechen + die Blase → ____________________

Wörter mit tz oder z, ck oder k

3 Finde die Reimwörter und schreibe sie zusammen auf.
Mache die Lang-Kurz-Probe und schreibe – oder •.

~~spritzen~~ • Spitze • Locken • Haken • Laken • ~~blitzen~~ • Socken • Witze

spritzen – blitzen ____________________

____________________ ____________________

Diese Seite fand ich:
○ leicht ○ mittel ○ sch

Kinder dieser Welt

Fragen beantworten

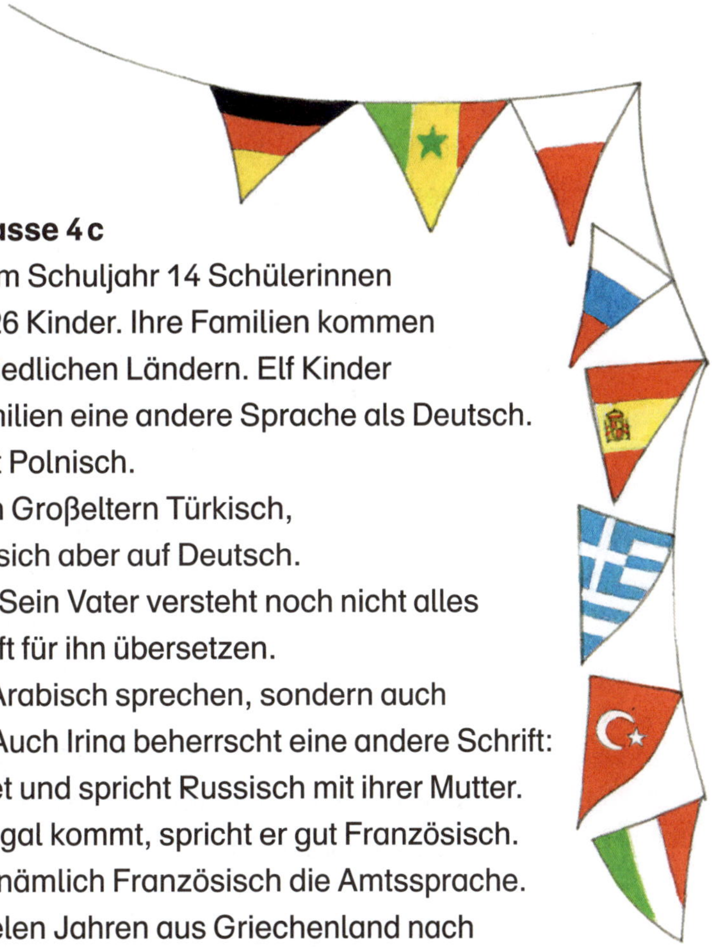

1 Lies den Text.

Herzlich willkommen in der Klasse 4 c

Die Klasse 4 c besuchen in diesem Schuljahr 14 Schülerinnen und 12 Schüler, insgesamt also 26 Kinder. Ihre Familien kommen ursprünglich aus vielen unterschiedlichen Ländern. Elf Kinder sprechen zu Hause mit ihren Familien eine andere Sprache als Deutsch. Ewas und Jans Muttersprache ist Polnisch. Doga und Naz sprechen mit ihren Großeltern Türkisch, mit ihren Eltern verständigen sie sich aber auf Deutsch. Spanisch spricht Ennio fließend. Sein Vater versteht noch nicht alles auf Deutsch und so kann Ennio oft für ihn übersetzen. Tarik und Yara können nicht nur Arabisch sprechen, sondern auch die arabische Schrift schreiben. Auch Irina beherrscht eine andere Schrift: Sie kennt das kyrillische Alphabet und spricht Russisch mit ihrer Mutter. Da Mattys Familie aus dem Senegal kommt, spricht er gut Französisch. In diesem afrikanischen Land ist nämlich Französisch die Amtssprache. Kostas' Großeltern kamen vor vielen Jahren aus Griechenland nach Deutschland, seine Eltern sind bereits in Deutschland geboren. Deshalb unterhält sich Kostas nur mit seinen Großeltern in griechischer Sprache. Alle Kinder in der Klasse lernen im Unterricht Englisch. Sie planen einen Projekttag, an dem sie alle Familiensprachen der Klasse genauer vorstellen möchten.

2 Beantworte die Fragen.
Notiere die Zeile, in der du die gesuchte Information gefunden hast.

- Mit wem sprechen Doga und Naz Türkisch? Sie sprechen ____________________

  ____________________ Zeile ☐

- Woher kamen Kostas' Großeltern? ____________________

  ____________________ Zeile ☐

- Warum muss Ennio häufig für seinen Vater übersetzen? ____________________

  ____________________ Zeile ☐

Informationen mit eigenen Worten wiedergeben

1 Lies den Text und sieh dir die Karte an.

Zeitzonen

Den meisten Menschen ist bekannt, dass sich die Erde in 24 Stunden einmal um die eigene Achse dreht. Während wir gerade unser Mittagessen einnehmen, ist auf der anderen Seite der Erde Nacht. Die Uhrzeit wandert also mit der Sonne von Osten nach Westen, sodass es zur Mittagszeit überall hell ist.
Um die genaue Uhrzeit an verschiedenen Orten bestimmen zu können, wurde die Erdkugel im Jahr 1884 in 24 Zeitzonen eingeteilt.
Die gedachte Startlinie verläuft vom Nordpol zum Südpol durch London (Stadtteil Greenwich*). An diesem Ort, dem sogenannten Greenwich-Meridian (auch Nullmeridian genannt), wird die Weltzeit gemessen. Geht man eine Zone nach Osten, ist es eine Stunde später. Bei einer Zone Richtung Westen entsprechend eine Stunde früher. Ist es zum Beispiel in London im November 12 Uhr, so ist es in Berlin eine Stunde später, also 13 Uhr.
Damit die Menschen in einem Land die gleiche Zeit haben, wurden die Zeitzonengrenzen den Ländergrenzen angepasst. Nur in ganz großen Ländern wie Russland, China oder den USA war das nicht möglich. Hier gibt es innerhalb eines Landes mehrere Zeitzonen.

*sprich: Grinnits

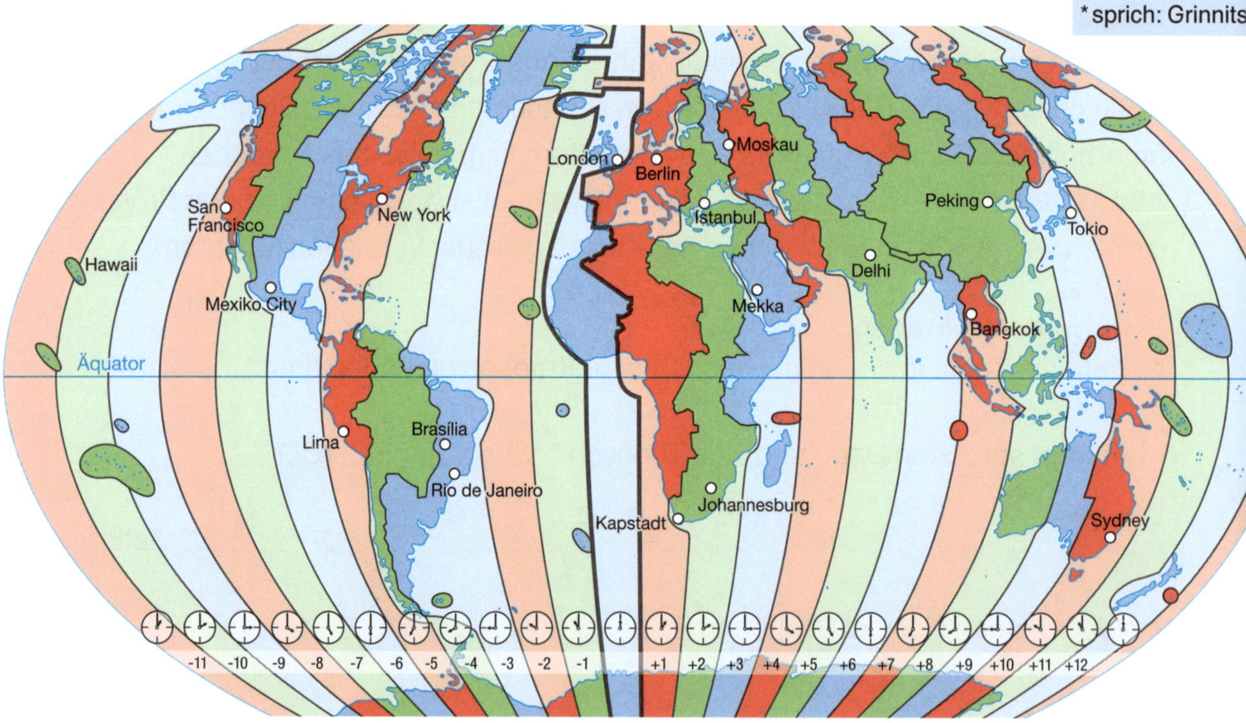

2 Markiere wichtige Stichworte im Text.
Überlege, wie du den Inhalt des Textes mit eigenen Worten wiedergeben kannst.

3 Tauscht euch über den Text aus. Erzählt euch nacheinander in eigenen Worten, was ihr über die Zeitzonen erfahren habt.

Eine Liste schreiben

1 Lies die Aussage von Matz.

2 Was muss Matz für seinen Tag alles mitnehmen?
Schreibe die Packliste.

Packliste für Matz

– Frühstücksdose

– Trinkflasche

Mittwochfrüh machen wir einen Klassenausflug. Wir fahren mit der Bahn zum Zoo. Dort werden wir uns alle Tiere anschauen, aber auch die Zooschule zum Thema Artenschutz besuchen. Dort sollen wir für den Sachunterricht mitschreiben. Nach dem Ausflug muss ich direkt zum Gitarrenunterricht gehen. Dieses Mal darf ich meinen Musikhefter nicht wieder vergessen.

3 Lies die Aussagen von Dila und Fadi. Wähle ein Kind und kreuze an.
Schreibe eine Packliste.

Am Dienstag finden bei uns die Bundesjugendspiele statt. Es soll sehr heiß werden. Deshalb gehen Clara, Can und ich nach dem Sportfest noch zusammen ins Freibad. Ich möchte unbedingt meinen neuen Wasserball ausprobieren.

Am Freitag habe ich sechs Stunden Unterricht: 2 Stunden Mathematik, 2 Stunden Deutsch und 2 Stunden Englisch. Direkt nach der Schule gehe ich mit meinem Freund Finn nach Hause, um seinen Geburtstag zu feiern. Ich hoffe, er freut sich über mein Geschenk.

Packliste für

☐ **Dila** ☐ **Fadi**

Wortarten

1 Welches Wort im Kasten gehört zu welcher Wortart?
Markiere in den Farben der Karten.

Wenn du die Personalformer bilden kannst, dann weißt du, dass es ein Verb i Kannst du einer Artikel vor das Wort setzen un die Mehrzahl bilden, dann ist es ein Nomen.

hell • flüstern • Tasche • tanzen • gut • Heft

2 Führe zu jedem Wort die passende Probe durch.

hell → hell, heller, am hellsten

flüstern → ______

Tasche → ______

tanzen → ______

gut → ______

Heft → ______

3 Die Kinder erzählen von ihren Freizeitaktivitäten.
Markiere in jeder Äußerung ein Nomen, ein Verb und ein Adjektiv.
Ordne sie in die Tabelle ein und führe die Probe durch.

Ich fahre schnell mit meinem Fahrrad.

Ich lese ein dickes Buch.

Wortart	Wort	Probe
Nomen	Fahrrad	
Verb		
Adjektiv		
Nomen		
Verb		
Adjektiv		

BB S. 16, BO S. 15

Nomen mit heit, keit, nis, ung

1 Finde zu den Nomen verwandte Verben oder Adjektive. Schreibe sie auf.

die Unterbrechung: unterbrechen ______ die Schönheit: ______

das Geheimnis: ______ die Traurigkeit: ______

die Verstauchung: ______ die Leitung: ______

2 Bilde die Mehrzahl zu den folgenden Nomen.
Markiere **nis** und **nisse**.

das Gefängnis – die Gefängnisse ______

das Geheimnis – ______

die Kenntnis – ______

3 Bilde Nomen mit den Wortbausteinen **heit**, **keit**, **nis** und **ung**.
Trage sie in die Tabelle ein.

~~finster~~ • schweigsam • ehren • dunkel • erinnern • bekannt • impfen • vergesslich • klug • wagen • eitel • erlauben

heit:	**keit:**
nis: Finsternis,	**ung:**

4 Finde zu jedem Wortbaustein ein weiteres Nomen. Trage in die Tabelle ein.

Wörter mit aa, ee, oo (M)

1 Sieh dir die Wörter an. Ergänze **aa**, **ee** oder **oo**.
Bei drei Wörtern gibt es zwei Lösungen.

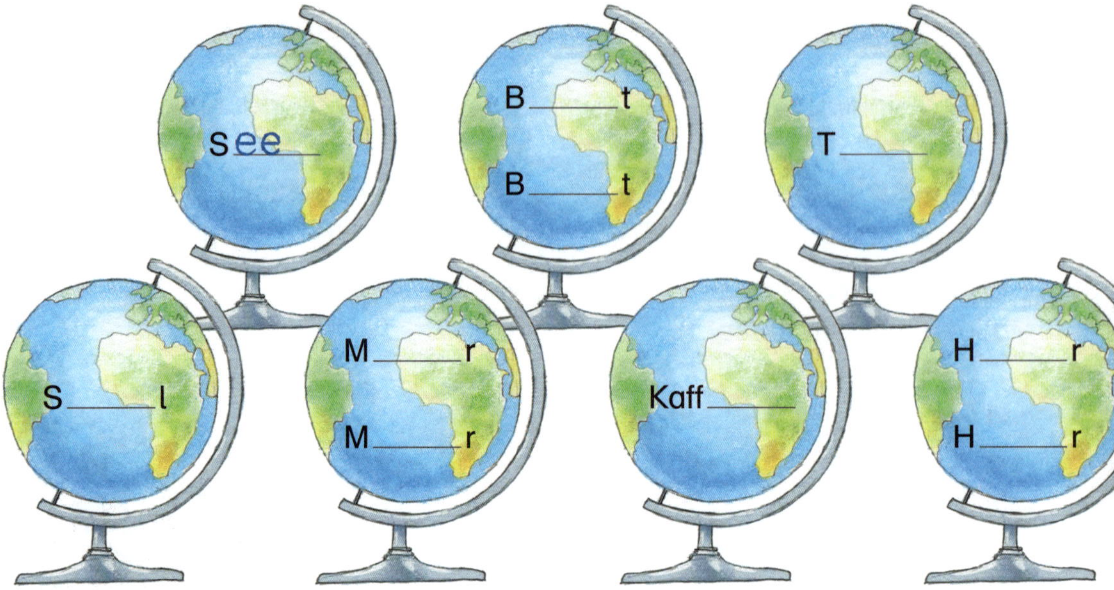

2 Schreibe die gefundenen Wörter nach dem Alphabet geordnet auf.

1. ______________________
2. ______________________
3. ______________________
4. ______________________
5. ______________________
6. ______________________
7. ______________________
8. ______________________
9. ______________________
10. ______________________

3 Löse das Rätsel. Schreibe das Lösungswort auf.

Im Winter fällt manchmal …

Auf dem Waldboden wächst …

Elefanten und Tiger sieht man im …

Das soll Glück bringen: ein vierblätteriges …blatt

Lösung: ___ ___ ___ ___!

Richtig abschreiben

1 Lies den Text zweimal. Lies ihn langsam Satz für Satz.

Wie heißt du?
Bei der Geburt erhalten alle Menschen einen Vornamen. In vielen Ländern und Kulturen haben diese Namen eine Bedeutung. Viele Namen bedeuten zum Beispiel Hoffnung. Der persische Jungenname Omid und der afrikanische Mädchenname Amalie gehören dazu. Viele Eltern auf der Welt wünschen ihren Kindern Glück oder empfinden die Geburt des Säuglings als großes Glück. Sie wählen dann oft einen Namen, der Glück bedeutet, wie zum Beispiel der hebräische Mädchenname Alina oder der japanische Jungenname Yoshi.

2 Marja hat beim Abschreiben einige Fehler gemacht. Lies ihren Text und vergleiche mit dem Text oben. Finde noch sieben Fehler und markiere sie.

Wie heißt du?
Bei der Geburt erhalten alle Menschen einen Vornahmen. In vielen
Lendern und Kulturen haben diese Namen eine bedeutung. Viele Namen
bedeuten zum Beispiel Hoffnung. Der persische Jungenname Onid und
der afrikanische Mädchenname Amalie gehören dazu. Viele Eltern auf
der Welt wünschen iren Kindern Glück oder empfinden die Geburt
des Säuglings als großes Glük. Sie wählen dann oft einen Namen,
der Glück bedeutet, wie zum Beispiel der hebreische Mädchenname Alina
oder der japanische Jungenname Joshi.

3 Schreibe die farbigen Sätze im Text aus Aufgabe 1 selbst einmal fehlerfrei ab.

4 Welche Tipps könnt ihr Marja für das richtige Abschreiben geben? Sprecht darüber.

Findet heraus, welche Vornamen in eurer Klasse eine Bedeutung haben.

Nomen und Satzanfänge großschreiben

Groß/klein?

1 Lies den Text genau.
Markiere den ersten Buchstaben in jedem Satz.

2 Lies den Text erneut und achte auf die Nomen.
Markiere sie in einer anderen Farbe.

die klasse 4 a plant ein großes fest. jedes kind soll etwas mitbringen, das typisch für das eigene land ist. das kann ein gericht oder ein getränk sein, aber auch bekannte musik oder eine spielidee. alle familien freuen sich schon sehr darauf.

3 Schreibe den Text richtig ab.

Die Klasse 4 a

4 Stimmen die Aussagen? Kreuze an. Schreibe das Lösungswort auf.

	stimmt	stimmt nicht
Nomen nennt man auch Substantive.	C	T
Nomen gibt es in der Einzahl und in der Mehrzahl.	L	R
Nomen schreibt man klein.	I	E
Gefühle sind keine Nomen.	N	V
Nomen können bestimmte und unbestimmte Artikel haben.	E	A
Satzanfänge schreibt man nur groß, wenn es ein Nomen ist.	T	R

Lösung: ___ ___ ___ ___ ___ ___!

BB S. 20, BO S

STARK: Alle Strategien anwenden

1 Lies den Text. Sieh dir die farbigen Wörter genau an.

2 An welcher Stelle solltest du beim Schreiben der farbigen Wörter besonders aufpassen? Markiere diese Stelle.

3 Welche Strategie hilft dir, diese Stelle richtig zu schreiben? Schreibe die passende Strategie auf und begründe.

Tänze aus aller Welt

Tanzgruppe

In unserer Tanzgruppe sind Kinder aus ganz unterschiedlichen Ländern.

Ich finde das spannend. Wir haben richtig viel Spaß zusammen.

Unsere Trainerin kommt aus England. Von ihrer letzten Reise hat sie uns

Kekse mit Pfefferminz mitgebracht. Sie waren total lecker. In der nächsten

Woche werden wir einen Tanz aus Brasilien lernen.

4 Finde zu den Wörtern **richtig** und **lecker** drei weitere Wörter, bei denen die in Aufgabe 3 angewandte Strategie auch hilft.

richtig	**lecker**

5 Markiere vier Merkwörter.

viele • Ausflug • wohnen • reden • Gespräch • Paar • spielen • E-Mail

Das kann ich schon

Nomen mit heit, keit, nis, ung

1 Bilde Nomen mit den Wortbausteinen **heit**, **keit**, **nis** und **ung**.
Trage sie in die Tabelle ein.

kostbar • selten • beleuchten • beschreiben • besonnen • verzeichnen • krank • ergeben • mahnen • ereignen • heiser • lesbar

heit: ______	**keit:** ______
______	______
______	______
nis: ______	**ung:** ______
______	______
______	______

Wörter mit aa, ee, oo

2 Sieh dir die Wörter an. Ergänze **aa**, **ee** oder **oo**.
Schreibe die gefundenen Wörter nach dem Alphabet geordnet auf.

1. ______
2. ______
3. ______
4. ______
5. ______

Diese Seite fand ich:
○ leicht ○ mittel ○ schw

Im Wald

Märchen kennen

1 Lies die Überschrift und sieh dir die Bilder an. Was erfährst du über das Märchen?

Das Kätzchen und die Stricknadeln

Es war einmal eine arme Frau. Eines Tages ging sie in den Wald, um Holz zu sammeln. Auf dem Heimweg sah sie ein krankes Kätzchen hinter einem Zaun liegen, das fürchterlich schrie. Die arme Frau bekam Mitleid mit ihm und trug es in ihre Schürze gehüllt nach Hause. Zu Hause legte sie es behutsam auf alte, weiche Decken und fütterte es mit Milch. Als es dem Kätzchen besser ging, war es plötzlich verschwunden.

Einige Tage später ging die Frau erneut in den Wald. Auf dem Heimweg kam sie wieder an der Stelle vorbei, wo sie das kranke Kätzchen gefunden hatte. Dort stand eine ganz vornehme Frau. Sie winkte die arme Frau zu sich und warf ihr fünf Stricknadeln in die Schürze.

Die Frau war verunsichert. Doch sie dankte, nahm die Stricknadeln mit in ihr Haus und legte sie am Abend auf den Tisch.

Und als die Frau am nächsten Morgen aufwachte, da fand sie auf dem Tisch ein Paar neue fertig gestrickte Strümpfe. Das wunderte die Frau sehr.

Am folgenden Abend legte sie die fünf Stricknadeln wieder auf den Tisch, und am nächsten Morgen fand sie wieder neue Strümpfe dort.

Da wusste sie, dass die vornehme Frau sie für die Pflege des kranken Kätzchens mit den fleißigen Nadeln belohnt hatte. Nacht für Nacht strickten sie weiter.

Die Frau konnte die Strümpfe verkaufen und hatte genug bis an ihr Lebensende.

nach Ludwig Bechstein

2 Lies das Märchen. Welche Märchenmerkmale findest du? Markiere im Text und ordne zu.

Anfang und Ende: Es war einmal ..., __________

Figuren: __________

besondere Orte: __________

magische Gegenstände: __________

3 Warum wird die arme Frau belohnt? Erkläre das Wunder.

Märchen kennen

1 Lies die Märchenüberschriften.
Welche Märchen kennst du bereits? Markiere.

Schneewittchen • Rumpelstilzchen • Brüderchen und Schwesterchen • Schneeweißchen und Rosenrot • Rapunzel • Bremer Stadtmusikanten

2 Zwei Märchenausschnitte und ein Bild gehören immer zusammen.
Verbinde von links nach rechts.

Einige Tage später liefen die Mädchen im Wald umher, um Brennholz zu sammeln. Da entdeckten sie einen großen Baum, der gefällt worden war.

„Heute back ich, morgen brau ich, übermorgen hol ich der Königin ihr Kind!“

Es war ein langer Weg nach Bremen. Am Abend kamen sie in einen Wald, wo sie übernachten wollten.

Aber im Wald entdeckte der Bote ein kleines Haus, davor brannte ein Feuer. Um das Feuer herum tanzte ein seltsames Männchen und sang.

„Wo willst du denn hin, lieber Bär?“, fragte Schneeweißchen. „Ich muss in den Wald gehen und auf meine Schätze aufpassen.“

Der Esel und der Hund legten sich unter einen großen Baum, die Katze machte es sich auf einem Ast gemütlich, der Hahn flatterte nach oben.

3 Um welche drei Märchen handelt es sich in Aufgabe 2?
Schreibe auf.

BB S. 28/29, BO S. 29/

Ein Rondell schreiben

1 Lies das Rondell und sieh dir die Bilder an. Welcher Baum ist gemeint? Kreuze an und schreibe eine passende Überschrift.

____

1 Ich bin ein mächtiger Laubbaum.
2 Meine Blätter färben sich goldgelb.
3 Kleine Propeller schweben durch den Wald.
4 Ich bin ein mächtiger Laubbaum.
5 Kinder kleben die Propeller auf ihre Nase.
6 Im Baumwipfel wohnt ein Eichhörnchen.
7 Ich bin ein mächtiger Laubbaum.
8 Meine Blätter färben sich goldgelb.

2 Markiere im Rondell die gleichen Zeilen immer in der gleichen Farbe.

3 Schreibe selbst ein Rondell zu einem Laubbaum.

____

1 ______________________________

2 ______________________________

3 ______________________________

4 ______________________________

5 ______________________________

6 ______________________________

7 ______________________________

8 ______________________________

Lest euch gegenseitig euer Rondell vor. Wurde der Bauplan eingehalten?

Wörtliche Rede und Begleitsätze

1 Die Kinder haben im Forstamt erfahren, wie man den Wald schützen kann.
Lies das Gespräch genau.

2 Schreibe jede Sprechblase mit einem passenden Begleitsatz auf.
Achte auf die richtige Zeichensetzung.
Schreibe so:
Tim berichtet: „Ich lasse im Wald nichts liegen.“
„Schon der kleinste Abfall kann für die Tiere gefährlich sein“, ergänzt Fatma.

____

____

____

____

____

____

____

____

____

3 Welche Waldregeln kennst du? Schreibe das Gespräch weiter.

BB S. 36, BO S. 37

Nomen zusammensetzen

1 Lies die zusammengesetzten Nomen.
Überlege, in welche Wortarten du sie zerlegen kannst.

~~Nistplatz~~ • Nagetier • Nadelbaum •
Säugetier • Vogelgesang •
Fuchsrevier • Leuchtkäfer • Waldgeist •
Waschbär • Fußspur

2 Zerlege die zusammengesetzten Nomen. Schreibe mit Artikel.

Verb + Nomen	**Nomen + Nomen**
nisten + der Platz	

3 Bilde zusammengesetzte Nomen mit den Adjektiven **rot** oder **wild** und den Wörtern im Kasten.

rot + die Buche = die Rotbuche

~~die Buche~~
die Biene
der Fuchs
die Spur
der Hirsch
das Schwein
die Bahn

Wörter mit lk, nk, rk und lz, nz, rz

1 Was gehört zusammen? Verbinde.
Markiere den kurzen Selbstlaut mit einem • und die Mitlaute danach.

flink	stolzer	am stärksten
kurz	stärker	am flinkesten
stark	flinker	am stolzesten
stolz	kürzer	am kürzesten

2 Markiere noch 11 Wörter mit **lk**, **nk**, **rk** und **lz**, **nz**, **rz**.
Suche waagerecht →, senkrecht ↓ und diagonal ↘.

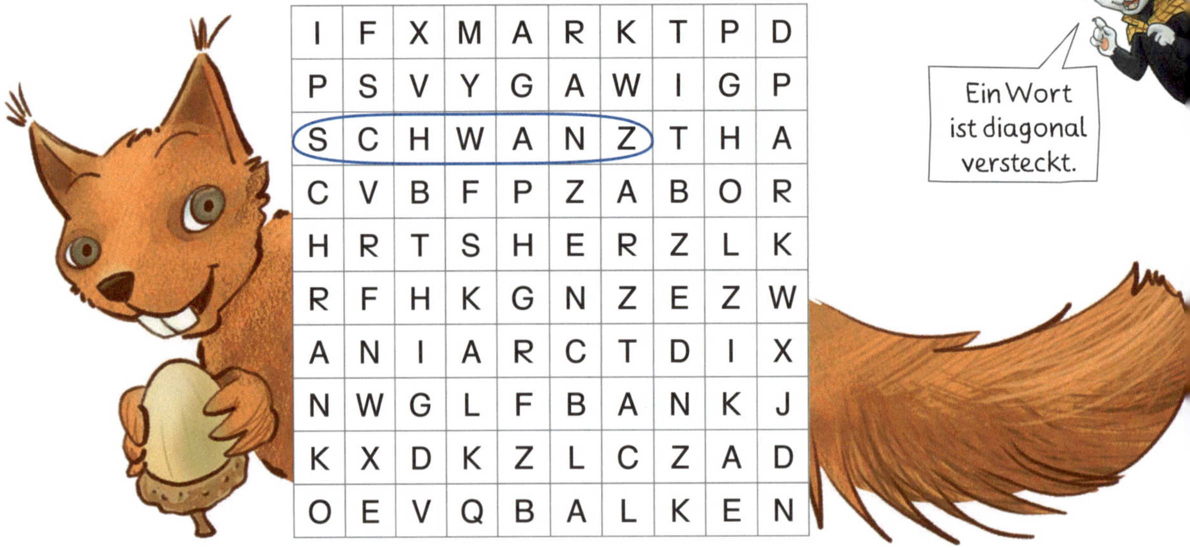

I	F	X	M	A	R	K	T	P	D
P	S	V	Y	G	A	W	I	G	P
S	C	H	W	A	N	Z	T	H	A
C	V	B	F	P	Z	A	B	O	R
H	R	T	S	H	E	R	Z	L	K
R	F	H	K	G	N	Z	E	Z	W
A	N	I	A	R	C	T	D	I	X
N	W	G	L	F	B	A	N	K	J
K	X	D	K	Z	L	C	Z	A	D
O	E	V	Q	B	A	L	K	E	N

3 Schreibe die gefundenen Nomen mit Artikel auf.
Markiere den kurzen Selbstlaut mit einem • und die Mitlaute danach.

der Schwanz,

4 Schreibe die Verben **merken**, **lenken** und **scherzen** in allen Personalformen auf.
Oder: Bilde mit den Verben Sätze.

BB S. 38, BO S

Wörter mit o/ö und u/ü

1 Immer drei Wörter haben den gleichen Wortstamm.
Markiere die Wörter in der gleichen Farbe.

grüßen	geschlossen	stürmen
das Schloss	der Sturm	es füttert
der Stürmer	kündigen	die Schlösser
füttern	der Gruß	erkunden
der Kunde	das Futter	die Begrüßung

2 Schreibe die Wörter geordnet auf.
Markiere den Wortstamm.

grüßen, der Gruß,

3 Markiere den Wortstamm.
Ordne die Wörter nach ihren Wortfamilien.

großartig • der Schutzraum • am größten • der Schutz • die Knieschützer • es schützt • vergrößern • die Großeltern • schützen • die Vergrößerung

groß	**schutz**
großartig	

Das kann ich schon

Nomen zusammensetzen

1 Zerlege die zusammengesetzten Nomen.
Schreibe mit Artikel.

Stinktier • Schnürschuh • Waldfest • Dachsbau • Gießkanne • Marktplatz • Sprechblase • Ampelmännchen • Trinkflasche • Wanderstiefel • Waldluft • Regenschirm

Verb + Nomen	Nomen + Nomen

Wörter mit o/ö und u/ü

2 Markiere den Wortstamm.
Ordne die Wörter nach ihren Wortfamilien.

sie stoßen • umstoßen • die Grundschule • die Schülerin • er stößt • die Schülerschaft • die Stöße • das Schulfest • stoßfest • der Schüler

stoß	schul

Diese Seite fand ich:
O leicht O mittel O schw

Sonne, Mond und Sterne

Zwischenüberschriften finden

1 Lies den Text. Worum geht es in den einzelnen Abschnitten?

Mars – der rote Planet

Der Mars ist der zweitnächste Planet zur Erde. Eisenhaltiger Staub, der hoch durch die Luft geweht wird, lässt ihn am Nachthimmel rot erscheinen. Deshalb wird er auch der „rote Planet“ genannt. Früher dachte man bei dieser Farbe an Blut und gab dem Planeten den Namen des Kriegsgottes Mars.

Automatische Fahrzeuge, sogenannte Mars-Rover, untersuchen seine Oberfläche. Raumsonden mit speziellen Kameras liefern Fotos dazu. So hat man herausgefunden, dass der Planet Mars nur halb so groß ist wie die Erde. Auf seiner Oberfläche erkennt man Krater, Täler, Staubdünen, ausgetrocknete Flusstäler und erloschene Vulkane. Der Vulkan „Olympus Mons“ ist 26 400 m hoch und damit der höchste Berg im ganzen Sonnensystem.

Genau wie auf der Erde gibt es an seinem Nord- und Südpol Eis und Schnee. Jedoch nicht aus Wasser. Die Temperaturen auf dem Mars liegen zwischen +20 °C und –80 °C. An den Polen kann es bis zu –120 °C kalt werden. Diese großen Temperaturunterschiede erzeugen Winde, die die Marsoberfläche entlang toben.

Wohin ist das Wasser verschwunden, das in den ausgetrockneten Tälern seine Spuren hinterlassen hat? Gab oder gibt es Leben auf dem Mars? Viele Fragen sind noch offen und beschäftigen weiterhin die Wissenschaftler.

2 Schreibe die passenden Zwischenüberschriften über Abschnitt **1**, **2** und **3**.

Wie der Mars zu seinem Namen kam • Temperaturen • Pflanzen und Tiere • Seine Oberfläche

3 Finde selbst eine Zwischenüberschrift und schreibe sie über Abschnitt **4**.

Zwischenüberschriften finden

1 Lies die Überschrift und sieh dir die Bilder an. Worum geht es?

____

2 Lies den Text. Schreibe die passende Zwischenüberschrift über Abschnitt **1** und **2**.

3 Markiere in Abschnitt **3** und **4** wichtige Stichworte.
Schreibe eine passende Zwischenüberschrift über Abschnitt **3** und **4**.

Die Erde erkunden

Erkundung zu Fuß und ______________________

Die Menschen waren schon immer neugierig auf ihre Umgebung und von Anfang an als Entdecker und Reisende unterwegs. Zunächst erkundeten sie die Erde **zu Fuß** und **mit Pferden**.

Erkundung ______________________

Später machten sie Entdeckungen und Eroberungen **mit Schiffen**. So entdeckte Christoph Kolumbus 1492 Amerika und Ferdinand Magellan und seine Nachfolger umsegelten im 16. Jahrhundert das erste Mal die Erde. **Mit Luftfahrzeugen** konnten die Menschen dann die Erde aus der Vogelperspektive erkunden.

____

Ein besonderer Meilenstein in der Erkundung war ein Satellit, der 1957 in die Umlaufbahn der Erde befördert wurde. Heute erkunden viele Satelliten die Erde. Mit Sensoren können sie die Temperaturen der Ozeane messen, die Verschmutzung der Meere erkennen und das Schmelzen des Eises an den Polkappen beobachten.

____

Im Jahr 1961 gelang es das erste Mal, einen Menschen in einer Rakete ins All zu schicken. Inzwischen gibt es mehrere Raumstationen im All. Astronauten können darin mehrere Monate leben, beobachten und forschen.

BB S. 46/47, BO S. 49

Einen Text planen: Wortmaterial sammeln

1 Lies die Wörter in der Wörterkiste. Markiere die Ausdrücke, die beschreiben, wo sich eine fantasievolle Geschichte abspielen könnte.

> Marsmenschen • Space-Shuttle-Astronautin • ~~in einer Mondrakete~~ • in der Milchstraße • auf einem Lichtstrahl • intergalaktischer Weltraumroboter • in einem Mondkrater • Asteroidenfänger • in einem tosenden Wolkenwirbel

2 Schreibe die markierten Wörter auf.

Orte: in einer Mondrakete, ______________________

____

____

____

3 Schreibe aus dem Kasten die Ausdrücke für Figuren auf, die in einer fantasievollen Geschichte vorkommen können.

Figuren: ______________________

____

____

4 Für das Gefühl der Angst gibt es verschiedene Ausdrücke. Ordne sie nach **Angst besiegen** und **Angst haben**. Verbinde.

Angst besiegen

- der Gefahr ins Auge sehen
- nervös sein
- nicht aufgeben
- Herzklopfen haben
- sich nicht unterkriegen lassen
- spüren, dass Panik aufsteigt
- Schweißperlen auf der Stirn haben
- vor nichts zurückschrecken
- starr sein vor Angst
- das Unmögliche wagen

Angst haben

Verben: Personalform und Wortstamm

1 Lies den Text und sieh dir die farbigen Verben an.

2 Schreibe die farbigen Verben zusammen mit ihrer Grundform auf. Markiere den Wortstamm.

Viele kleine Himmelskörper
Es gibt unendlich viele kleine Himmelskörper. Diese Kleinkörper fliegen durch unser Sonnensystem. Man benutzt verschiedene Begriffe für sie. Je nachdem, in welcher Größe der Himmelskörper draußen auf der Umlaufbahn der Sonne durch das Weltall schwirrt, heißt er kosmischer Staub, Meteoroid, Asteroid oder Zwergplanet.

Ein Meteoroid saust als größerer Staubbrocken durchs All. Er besteht meistens aus Stein oder Metall. Besonders groß Meteoroiden bezeichnet man als Asteroiden. Ein besonde großer Asteroid kreist als Zwergplanet um die Sonne. Vielleicht beobachtest du im Sommer einmal durch ein Fernrohr oder Teleskop den Sternenhimmel und entdeckst dort auch flimmernde Himmelskörper.

gibt – geben, ____________________

____

____

____

____

3 Schreibe die Verben **halten** und **fragen** in allen Personalformen im Präsens (Gegenwart) auf.

halten: ich ____________________

____

fragen: ____________________

____

BB S. 52, BO S.

Mit Adjektiven vergleichen: als und wie

1 Lies die Sätze. Trage die richtigen Vergleichsstufen ein.
Nutze dazu das Adjektiv **hoch**.

Unglaublich hoch

Der höchste deutsche Berg, die Zugspitze (2962 m), ist ______________________.

Der höchste Berg der Erde, der Mount Everest (8848 m), ist ______________________.

Der höchste Berg des Planeten Mars, der Olympus Mons

(26400 m), ist ______________________.

2 Setze die passenden Adjektive ein.
Nutze **niedriger als**, **höher als** oder **fast so hoch wie**.

Der Olympus Mons ist ______________________ der Mount Everest.

Die Zugspitze ist ______________________ der Mount Everest.

Die Alpspitze (2628 m) ist ______________________ die Zugspitze.

3 Vergleiche die Planeten miteinander und schreibe drei Sätze.
Nutze **als** und **wie**. Schreibe zum Beispiel so:
Ein Tag auf dem Mars dauert länger als auf dem Jupiter.

Planet	Ein Tag auf dem Planeten dauert etwa	Durchmesser*
Jupiter	10 Erdenstunden	142984 km
Venus	243 Erdentage	12104 km
Mars	1 Erdentag	6794 km
Erde	1 Erdentag	12756 km

*1 mal von rechts nach links durch die Mitte gemessen

____

____

____

____

____

Wörter mit Eu oder eu

1 Lies die Wörter und markiere **eu**.

Zeugnis • heute • teuer • erfreulich • neugierig • schleudern • ungeheuerlich • verheult • streuen • Beule • scheußlich • ~~bereuen~~ • Feuchtigkeit • erneuern • undeutlich

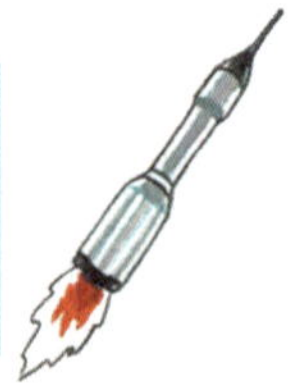

2 Schreibe die Wörter nach dem Alphabet geordnet auf.

bereuen,

3 Schreibe zu jedem Wortstamm alle Wörter der Wortfamilie auf.

an • be • un — **freund** — e • lich • ebuch • en • in • schaft

ent • be — **schleunig** — en • ungsstreifen • ung • ungskräfte

4 Bilde möglichst viele Wörter mit dem Wortstamm **steuer**.

BB S. 54, BO S

Wörter trennen

1 Lies den Text. Sprich die farbigen Wörter besonders deutlich.

Wie wird man Astronaut?
Ein Raumfahrt-Projekt zum Mond oder in die Erdumlaufbahn beginnt viele Jahre vor dem Start, denn ein Astronaut muss viele Fähigkeiten besitzen und ein großes Wissen haben. Von vielen tausend Bewerbern werden oft Wissenschaftler oder Piloten ausgewählt und zu Astronauten ausgebildet. Sie müssen gesund und sehr fit sein. Auch müssen sich die Bewerber in der Geschichte der Raumfahrt und über den Weltraum sehr gut auskennen. Ingenieure müssen zum Beispiel sehr gute Kenntnisse auch in Physik, Biologie und Medizin haben. Und sie müssen sehr gut Englisch sprechen, manchmal auch Russisch. Geschicklichkeit und Ideenreichtum werden ebenfalls erwartet, damit unterwegs alle Probleme gelöst und Herausforderungen gemeistert werden können. Deshalb gehört auch Überlebenstraining zur Ausbildung. Besonders wichtig ist die Teamfähigkeit, da auf sehr engem Raum gearbeitet wird.

2 Schreibe die farbigen Wörter nach Silben geordnet auf und trenne sie.
Markiere die Selbstlaute.

1 Silbe: ______________________________

2 Silben: ______________________________

____

3 Silben: ______________________________

____

4 Silben: Erd-um-lauf-bahn, ______________________________

____

3 Finde im Text Wörter mit mehr als vier Silben. Schreibe sie in Silben getrennt auf.
Markiere die Selbstlaute.

____

____

BB S. 55, BO S. 59/60

Verwandte Wörter finden

Gehört zu?

1 Verbinde die verwandten Wörter. Ergänze die fehlenden Buchstaben.

Grund	flüssige
flüssi___	Ränder
Ran___	Gründe

geprä___t	grobe
le___t	prägen
gro___	leben

2 Finde selbst zu jedem Wort ein verwandtes Wort mit **a** oder **au**.

Glätte	⟷ (ä)	glatt	erhält	⟷	___
säugen	⟷	___	Nächte	⟷	___
mächtig	⟷	___	Länge	⟷	___
Geräusch	⟷	___	Gebäude	⟷	___

3 Finde zu jedem Wort ein verwandtes Wort, bei dem du das silbentrennende **h** gut hören kannst. Zeichne Silbenbögen.

er sieht	⟷ (h)	sehen	sie geht auf	⟷	___
es entsteht	⟷	___	sie dreht sich	⟷	___
sie glüht	⟷	___	er zieht vorbei	⟷	___

4 Ergänze die Lücken.

Jeden Morgen g___t die Sonne auf.

Es entst___t am Horizont Morgenrot.

Die Sonne ist eine gl___ende Gaskugel.

Unsere Erde gehört zu dem Planetensystem, das sich um die Sonne dr___t.

Mein Vater erkl___rt mir jeden Sonntag unseren Nachthimmel.

In klaren N___chten kann man den Sternenhimmel beobachten und s___en, wie Satelliten vorbeiz___en. Ob wohl dort oben irgendein Wesen le___t?

Viele Wörter aus Aufgabe 1, 2 und 3 können dir helfen.

BB S. 56, BO S.

STARK: Alle Strategien anwenden

1 Lies den Text. Sieh dir die farbigen Wörter genau an.

2 An welcher Stelle solltest du beim Schreiben der farbigen Wörter besonders aufpassen? Markiere diese Stelle.

3 Welche Strategie hilft dir diese Stelle richtig zu schreiben? Schreibe die passende Strategie auf und begründe.

Leben in der Schwerelosigkeit

große

Die Schwerelosigkeit hat große Auswirkungen auf das Leben in der Raumstation.

Alles schwebt, wenn es nicht festgemacht ist. Im Essen darf keine dünnflüssige

Soße sein, sonst schweben die Tröpfchen unkontrolliert herum. Deshalb spucken

die Astronauten die Zahnpasta nach dem Zähneputzen in ein Tuch. Und schlafen

müssen sie in Schlafsäcken, die an der Wand festgemacht sind.

4 Finde zu den Wörtern **spucken** und **Wand** drei weitere Wörter, bei denen die in Aufgabe 3 angewandte Strategie auch hilft.

spucken	**Wand**

5 Markiere vier Merkwörter.

Beule • Schnee • entdecken • Satellit • Erdumdrehung • All • Gefühle • Vulkan

Das kann ich schon

Mit Adjektiven vergleichen: als und wie

1 Setze die passenden Adjektive ein.
Nutze **kälter als**, **heißer als** oder **genauso heiß wie**.

Auf dem Merkur ist es tagsüber mit bis zu 420 °C deutlich ______________________
auf der Erde.

Auf dem Jupiter ist es mit –145 °C sehr viel ______________________ auf der Sonn

Auf der Venus ist es mit 465 °C noch ______________________ am Tag auf dem Merku

Auf dem Saturn ist es mit –195 °C noch ______________________ auf dem Jupit

Auf dem Mars ist es tagsüber mit 20 °C ______________________
auf der Erde mit 20 °C.

Wörter trennen

2 Schreibe die farbigen Wörter nach Silben geordnet auf und trenne sie. Markiere die Selbstlaute.

Der Merkur

Der Merkur ist der kleinste aller Planeten unseres Sonnensystems. Er ist der Sonn am nächsten. Deshalb ist es dort, wo ihn die Sonnenstrahlen treffen, auch bis zu +400 °C heiß. Auf der anderen Seite ist es aber bis zu –160 °C kalt. Der Merkur dreh sich nur sehr langsam um sich selbst. Deshalb kann die eine Seite auch sehr lange aufheizen und die andere sehr lange abkühlen. Weil der Merkur sich so nah an der Sonne befindet, können wir ihn nur schwer beobachten. In die Helligkeit der Sonne zu blicken, ist fast unmöglich und für die Augen sehr gefährlich.

1 Silbe: ______________________

2 Silben: ______________________

____

3 Silben: ______________________

____

4 Silben: ______________________

Diese Seite fand ich:
○ leicht ○ mittel ○ schw

Drachen

Fragen zu einem Text überlegen

1 Lies den Text und sieh dir das Bild an.

Wie Drachensagen (vielleicht) entstanden sind

Überall auf der Welt gibt es unterhaltsame Erzählungen über Drachen. Die Beschreibungen der seltsamen Ungeheuer ähneln sich. Manche Wissenschaftler vermuten, dass Vorfahren des Menschen schrecklichen Dinosauriern begegnet sind und diese die Vorbilder für Drachen abgaben. Andere glauben, dass Funde von urzeitlichen Knochen zu diesen Vorstellungen führten. In Klagenfurt gibt es zum Beispiel ein Lindwurm*-Denkmal aus dem 16. Jahrhundert. Der Bildhauer nutzte vermutlich den Schädel eines Wollnashorns, den man dort gefunden hatte, als Vorbild. Außerdem gibt es einige lebendige Tiere, die als Vorbilder für Drachen gedient haben können: die harmlose Brückenechse, der gewaltige Komodowaran oder auch das gefährliche Nilkrokodil.

* Lindwurm: ein drachenartiges Fabelwesen

2 Beantworte die W-Fragen.
Notiere die Zeile, in der du die gesuchte Information gefunden hast.

- Welche Funde könnten zu den Vorstellungen über Drachen geführt haben?

_______________________________________ Zeile [ ]

- Was nutzte der Bildhauer vermutlich als Vorbild?

_______________________________________ Zeile [ ]

3 Überlege dir selbst drei W-Fragen zum Text. Nutze dazu die Informationen aus den angegebenen Zeilen. Markiere die Antworten im Text.

Zeile 6: Wo _______________________________________?

Zeile 7: Wann _______________________________________?

ab Zeile 9: Welche _______________________________________

_______________________________________?

Fragen zu einem Text überlegen

1 Lies den Text genau.

Unvollkommen?

Die beiden Drachen Lafadur und Fuchta waren sehr einsame und unglückliche Drachen.
Lafadur konnte nicht richtig fliegen. Er hatte sich als junger Drache eine schwere Verletzung der Flügel zugezogen, die nie ganz verheilt war.
Lafadur wollte damals im Herbst zu seiner Familie reisen. Dabei geriet er in einen heftigen Sturm, stürzte in einem Wald ab und verletzte sich schwer.
Fuchta dagegen konnte von Geburt an kein Feuer spucken. Ihre Eltern waren ratlos – so etwas war in der Familie noch nie vorgekommen. Egal, wie sehr sie sich auch bemühte: Nicht ein einziges Mal kam Feuer aus ihrem Maul.
Beide Drachen waren dadurch für viele Jahre Außenseiter in ihren Gruppen.
Die anderen spotteten: „Du bist ja gar kein richtiger Drache!"
Eines Tages begegneten sich die beiden durch einen Zufall zum ersten Mal.
Sie mochten sich von Anfang an und es störte sie auch nicht, dass der andere nicht der perfekte Drache war. Sie selbst waren miteinander zufrieden. So war die Zeit der Einsamkeit und des geringen Selbstbewusstseins für Fuchta und Lafadur endlich beendet.

2 Finde zu jedem Fragewort eine W-Frage zum Text und schreibe sie auf.
Markiere die Antworten im Text.

Was konnte Fuchta von Geburt an nicht? ____________________

Wer ____________________

Wann ____________________

Wie ____________________

Warum ____________________

Wo ____________________

Wohin ____________________

3 Überlege dir weitere W-Fragen zum Text.
Es können sich auch Fragewörter wiederholen.

BB S. 64/65, BO S. 69

Eine Geschichte aufbauen

1 Welche Aussagen stimmen? Kreuze an.

- [ ] Die Einleitung soll die Leserinnen und Leser in die Geschichte hineinführen. Sie soll Fragen nach dem „Wo?“, „Wer?“ und „Wann?“ beantworten.
- [ ] Die Einleitung soll möglichst viel offenlassen. So weiß man nicht, worum es in der Geschichte gehen wird.
- [ ] Der Hauptteil ist immer kurz und möglichst sachlich geschrieben.
- [ ] Der Hauptteil ist oft ausführlich. Er enthält den Höhepunkt der Geschichte und wird genau, lebendig, ausführlich und spannend erzählt.
- [ ] Der Schluss kann die Geschichte auflösen oder ein offenes Ende haben.
- [ ] Der Schluss muss immer alles offenlassen, damit die Lesenden sich selbst ein Ende überlegen können.

2 Denke dir eine Drachengeschichte aus. Die Wörter im Nest können dir dabei helfen.

Drachennest • spannend • Felsen • Hilfe •
aufregend • zum Glück • gefährlich • retten • erforschen •
Höhle • Befreiung • erschrecken

3 Schreibe Stichworte zu deiner Geschichte.

Einleitung

Hauptteil

Schluss

4 Erzähle deine Geschichte einem Partnerkind.

Schreibe deine ganze Geschichte auf.

Adjektive mit ig, lich, isch

1 Was gehört zusammen?
Markiere die jeweils zusammengehörenden Wörter in einer Farbe.

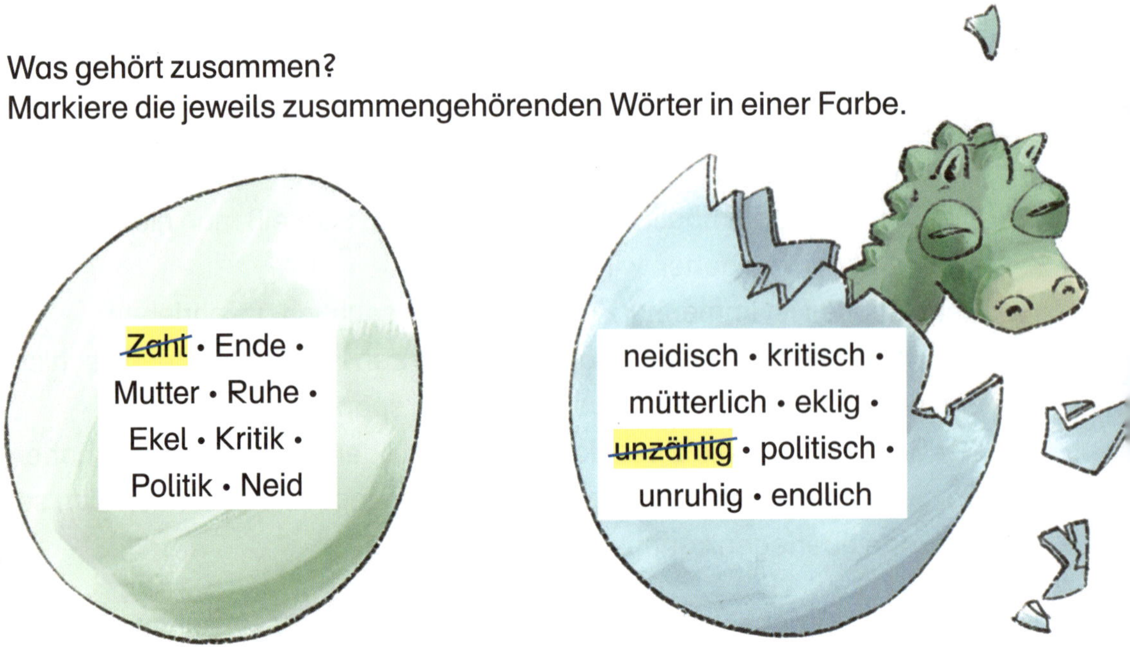

2 Schreibe die gefundenen Paare auf.

Zahl – unzählig, ______________________________

____

____

____

3 Löse das Rätsel. Verwandle die Nomen in Adjektive.

Sport

Freund

Mitleid

Gift

Farbe

Tier

Geiz

Du bist ganz schön ___ ___ ___ ___ ___ ___ ___!

Präsens und Präteritum

1 Welche Verben gehören zusammen?
Markiere jeweils ein Verb im Präsens und
das passende Verb im Präteritum in einer Farbe.

2 Schreibe die Wörter zusammen auf.

sie schwimmt – sie schwamm, ______________________

____

____

____

3 Schreibe die Grundform der Verben auf. Suche sie im Wörterbuch.
Notiere die Seite, auf der du das Wort gefunden hast.

sie rettet ______________ ☐ ich schrieb ______________ ☐

er kämpfte ______________ ☐ du sagtest ______________ ☐

sie halfen ______________ ☐ ihr fresst ______________ ☐

4 Spielt Stadt, Land, Fluss mit Verben. Legt dazu eine Tabelle an.
Bestimmt in jeder Runde eine Personalform und einen neuen Anfangsbuchstaben.
Schreibt zum Beispiel so:

Buchstabe	Grundform	Präsens	Präteritum
m	malen	ich male	ich malte

Wortstamm

1 Welche Wörter haben den gleichen Wortstamm? Verbinde.

gelebt · hilfreich · waschen · fährt · Schranke · lächeln

Nachhilfe · Fahrrad · Lebewesen · lachen · eingeschränkt · Unterwäsch

2 Schreibe die Wörter auf und markiere den Wortstamm.

gelebt – Lebewesen,

3 Schreibe zehn Wörter mit dem Wortstamm **geb** auf.
Verwende dazu die Wortbausteine.

Achte auf die Groß- un Kleinschreibung deine gefundenen Wörter.

ge · ver · um · be · an

t · en · ung · e · er · lich

4 Übt ein Ratespiel.
Umschreibt die Begriffe auf den Karten, ohne die vier Wörter zu verwenden.

Drachen	**Feuer**
1. Gefahr	1. heiß
2. Tier	2. anzünden
3. groß	3. löschen
4. Feuer	4. Flamme

Du darfst auch die Wortstämm dieser Wörter nicht benutzen

Schreibt nun eigene Karten zum Thema **Drachen**.
Spielt das Spiel mit einer anderen Gruppe.

BB S. 72, BO S.

Wörter mit eu oder äu ⟷

1 Lies den Text.
Setze in Gedanken **eu** oder **äu** in die Lücken ein.

Zukunftspläne

Ritter Rudibert hatte h♥te unter Einsatz seiner F♥ste viel B♥te gemacht. Um sich nach den ungeh♥erlichen Kämpfen zu s♥bern, lag er nun in seiner Wanne im sch♥menden Badewasser und tr♥mte von seinem angebeteten Burgfr♥lein Hildegunde. H♥fig sah er sie bei den Str♥chern und unter den Bäumen im Burginnenhof sitzen. Sie schien sehr sch♥ zu sein, aber ihre Schönheit l♥chtete und überstrahlte alles, was er jemals zuvor gesehen hatte. Rudibert wollte nicht nur mit ihr befr♥ndet sein. Die Fr♥de, die er empfand, wenn er sie erblickte, konnte nicht t♥schen: Sie war ihm lieb und t♥er und er wollte vor Z♥gen um ihre Hand anhalten. In seinen Gedanken sah er sich schon als Br♥tigam und hörte die Hochzeitsglocken l♥ten.

2 Schreibe die neun Wörter mit **eu** zusammen mit einem weiteren Wort aus der Wortfamilie auf.

heute – heutige,

3 Schreibe die zehn Wörter mit **äu** zusammen mit einem verwandten Wort auf.

Fäuste $\overset{äu}{\longleftrightarrow}$ Faust,

Wörter in Silben gliedern und abhören

Hör genau!

1 Lies die Wörter und hör genau.
Zeichne Silbenbögen und schreibe die Silbenanzahl auf.

Fantasietiere 5

Drachenjunges

ungeheuerlich

2 Setze die viersilbigen Wörter richtig zusammen.
Markiere die Silben eines Wortes in der gleichen Farbe und schreibe auf.

A	chen	dra	tung
Rit	ben	rüs	er
Feu	er	teu	ter
Dra	ter	tö	che

Abenteuer,

3 Sprich die Wörter im Kasten deutlich und hör genau.
Ordne alle Wörter nach ihrer Silbenanzahl. Schreibe sie in Silben getrennt auf.

~~verlangen~~ • Engel • Flamingo • anstrengen • Wange • Finger • Junge • Triangel • Zunge • gelingen • Angel • Hunger • Känguru

Wörter mit zwei Silben:

Wörter mit drei Silben: ver-lan-gen,

BB S. 74, BO S.

STARK: Alle Strategien anwenden

1 Lies den Text. Sieh dir die farbigen Wörter genau an.

2 An welcher Stelle solltest du beim Schreiben der farbigen Wörter besonders aufpassen? Markiere diese Stelle.

3 Welche Strategie hilft dir, diese Stelle richtig zu schreiben? Schreibe die passende Strategie auf und begründe.

Drachenähnliche Geschöpfe

Tiere

Einige Tiere sehen wie kleine Drachen aus. Vor allem Echsen zählen dazu.

Die Brückenechsen erinnern uns zum Beispiel an Drachen: Ihr Rücken ist

dornig und sie werden bis zu 75 cm lang. Sie verbergen sich tagsüber

meist in Höhlen und können vermutlich 150 Jahre alt werden.

Ihr Futter besteht aus kleineren Tieren wie Insekten und Vogeleiern.

4 Finde zu den Wörtern **dornig** und **Futter** drei weitere Wörter, bei denen die in Aufgabe 3 angewandte Strategie auch hilft.

dornig	**Futter**

5 Markiere vier Merkwörter.

Feuer • Echse • Alter • Höhle • Vogel • Insekt • fressen • Wald • Kleeblatt

Das kann ich schon

Präsens und Präteritum

1 Schreibe die Grundform der Verben auf. Suche sie im Wörterbuch. Notiere die Seite, auf der du das Wort gefunden hast.

wir rechneten ______ ☐

sie trafen ______ ☐

ich reite ______ ☐

du erklärst ______ ☐

er flog ______ ☐

es schien ______ ☐

er schreit ______ ☐

ihr steht ______ ☐

sie ging ______ ☐

ich fuhr ______ ☐

Wortstamm

2 Schreibe mindestens zehn Wörter mit dem Wortstamm **bau** auf. Verwende dazu die Wortbausteine.

an ab um be ge auf

te e ten t er ung en lich

______

______

______

______

______

______

Diese Seite fand ich:
○ leicht ○ mittel ○ schw

Mädchen und Jungen

Diagramme lesen

1 Lies den Text und sieh dir das Diagramm an.

Freizeitaktivitäten

Mädchen und Jungen im Alter von 6 bis 13 Jahren wurden gefragt, was sie gern in ihrer Freizeit machen. Auf einer Liste mit verschiedenen Tätigkeiten sollten die Kinder angeben, welche davon sie regelmäßig ausüben.

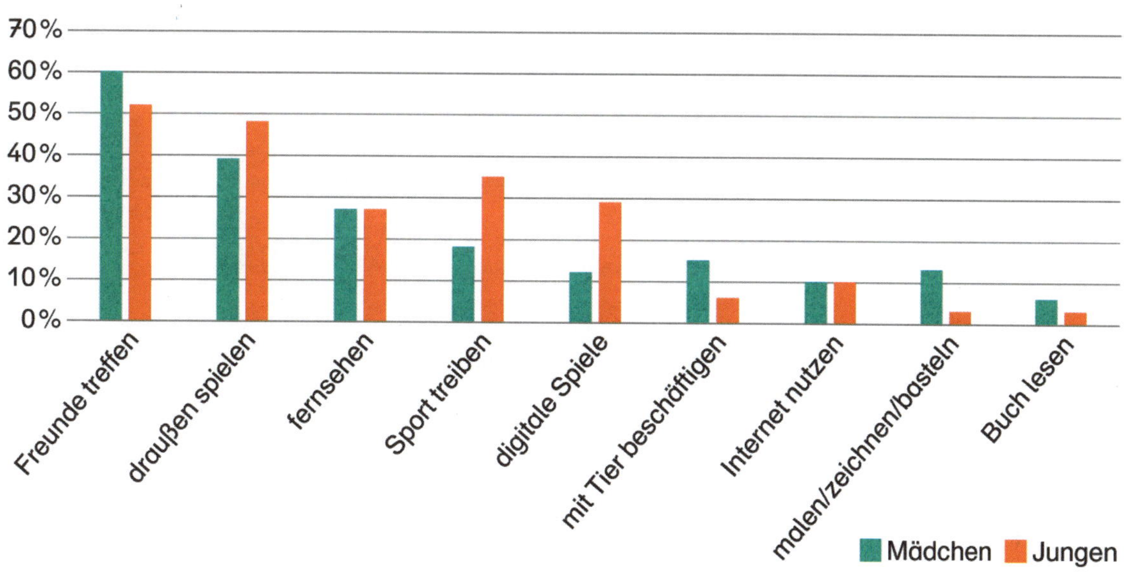

KIM-Studie 2018

2 Vergleiche die Aussagen mit dem Diagramm. Kreuze an.

3 Schreibe selbst eine Aussage zum Diagramm.

	stimmt	stimmt nicht
Mädchen spielen lieber draußen als Jungen.		
Jungen und Mädchen sehen gleich oft fern.		
Mit Tieren beschäftigen sich Mädchen lieber als Jungen.		
Jungen lesen lieber Bücher als Mädchen.		
Mädchen und Jungen treiben gleich oft Sport in ihrer Freizeit.		
______________________________		
______________________________		

Führt selbst eine Befragung zu euren liebsten Freizeitaktivitäten in der Klasse durch. Stellt das Ergebnis in einem Diagramm dar.

BB S. 84, BO S. 91

Einen Buchinhalt zusammenfassen

1 Wie heißt dein Lieblingsbuch? Schreibe den Titel und den Autor auf.

Titel:

Autor/-in:

2 Beantworte die Fragen zu deinem ausgewählten Buch in Stichworten.

Wer?

Wo?

Wann?

Worum geht es?

3 Fasse den Inhalt des Buches nun schriftlich zusammen.
Nutze dazu deine Notizen aus Aufgabe 1 und 2.

Ein Buch schriftlich vorstellen

1 Was gehört auf die erste Seite deiner Buchvorstellung? Kreuze an.

- ☐ Titel
- ☐ Autor/Autorin
- ☐ Zusammenfassung
- ☐ Textstelle
- ☐ Verlag
- ☐ Fazit und Empfehlung

2 Wähle eine besondere Textstelle aus und schreibe sie auf.
Oder: Tippe die Textstelle am Computer ab und klebe sie auf.
Gestalte eine passende Zeichnung in das leere Feld.

3 Warum gefällt dir das ausgewählte Buch? Begründe.

Stelle dein Lieblingsbuch vor. Lies auch deine Lieblingsstelle vor.

Subjekt und Prädikat

1 Was gehört zusammen? Markiere in der gleichen Farbe.

Prädikat | Wer oder was? | Was tut?

Was tun? | Subjekt

2 Frage nach dem Subjekt und dem Prädikat.
Markiere sie in verschiedenen Farben.

Ein neuer Schüler in der 4 b

- Die Kinder schauen zur Tür.

Wer oder was schaut zur Tür?

Was tun

- Die Lehrerin begrüßt den neuen Mitschüler.

- Alex trägt ein Trikot.

- Er spielt gut Basketball.

3 Schreibe eigene Sätze. Markiere das Subjekt und das Prädikat.

BB S. 88, BO S. 95

Geteiltes Prädikat

1 Was gehört zusammen? Verbinde die Verben mit dem passenden Satz.
Markiere das geteilte Prädikat im Satz.

vor lesen	Das Kind läuft vor dem Hund weg.
an schauen	Oma liest ihrem Enkel vor.
weg laufen	Vera schreibt den Text ab.
ab schreiben	Tim schaut sich die Bilder an.

2 Frage nach dem Prädikat und schreibe die Antwort dazu.
Markiere das geteilte Prädikat.

Schreibe als Antwort nur das Prädikat in der Grundform.

- Maiks Schuhe fliegen im Treppenhaus herum.

Was tun Maiks Schuhe? herumfliegen

- Julia hängt ihre Jacke auf.

____

- Aus dem Sportbeutel purzeln die Sportschuhe heraus.

____

- Sally zieht ihre Turnschuhe aus.

____

- Lena und Tim räumen das Schuhregal auf.

____

3 Bilde Sätze mit geteilten Prädikaten. Markiere diese im Satz.

ausleihen   anziehen   abschließen

____

____

____

Komma bei Aufzählungen

1 Lies die Sätze. Kreuze die zwei Sätze mit der richtigen Kommasetzung an.

- [ ] Am liebsten esse ich Erdbeeren Kirschen Äpfel und Bananen.
- [ ] Am liebsten esse ich Erdbeeren, Kirschen, Äpfel und Bananen.
- [ ] Am liebsten esse ich Erdbeeren, Kirschen, Äpfel, Bananen.

2 Schreibe in je einem Satz auf, was Greg, Anna und Chloé gerne frühstücken.

– Croissant mit Butter und Marmelade
– Müsli mit Milch, Himbeeren, Nüssen und Orange

Chloé

Greg

– Haferbrei
– eine Scheibe Toast
– Rührei mit Schinken
– Baked Beans

– Brötchen mit Marmelade oder Wurst
– Obstsalat
– ein gekochtes Ei

Anna

Zum Frühstück isst Greg Haferbrei, eine Scheibe Toast,

3 Setze die fehlenden Kommas ein. Schreibe den Text in dein Heft.

Montags dienstags mittwochs donnerstags und freitags stehe ich immer früh auf. Am Wochenende kann ich länger schlafen gemütlich frühstücken lesen spielen und Freunde treffen. Manchmal besuchen wir die Großeltern fahren in den Zoo gehen spazieren oder treiben Sport.

BB S. 90, BO S.

Fremdwörter richtig schreiben M

1 Lies den Lückentext. Setze die Fremdwörter richtig ein.

Serviette • Baguette • Café • Tourist • Restaurant

Urlaub in Paris

In den letzten Ferien war ich als ______________ in Paris.

Oft saßen wir in einem ______________

und aßen ein ______________.

Ganz toll fand ich ein französisches ______________.

Da wurde die ______________ immer besonders gefaltet.

2 Schreibe die Fremdwörter in die richtige Spalte der Tabelle.
Markiere schwierige Stellen.

~~Chemikalien~~ • Multiplikation • Adjektiv • Nomen • addieren • Skizze • Präteritum • Thermometer • dividieren • Experiment • Infinitiv • Subtraktion

Deutsch	Mathematik	Sachunterricht
		Chemikalien

3 Ordne die Fremdwörter nach dem Alphabet. Schreibe mit Artikel.
Markiere schwierige Stellen.

Toilette • ~~Thema~~ • Trikot • Toaster • Thermoskanne • Training

1. das Thema
2. ______________
3. ______________
4. ______________
5. ______________
6. ______________

M Schwierige Wörter merken

Merk's dir!

1 Lies die Wörter leise. Markiere die Merkstelle.

~~die Mandarine~~ · die Zahl · das Aquarium · schräg · der Hoodie · mehr · ärgern · das Kino · die Zitrone · das Jahr · die City · der Lärm das Lineal · das Camping · der Stuhl · das Märchen

2 Welche Wörter aus Aufgabe 1 haben ähnliche Merkstellen? Ordne sie passend zu. Markiere die Merkstelle.

Merkwörter mit ä:	**Merkwörter mit stummem h:**
Merkwörter mit langem i:	**Fremdwörter:**
die Mandarine	

3 Schreibe Merkwörter mit **aa**, **oo**, **ee** und **V** oder **v**.

Wörter mit **aa**, **oo**, **ee**: ____________________

Wörter mit **V** oder **v**: ____________________

BB S. 92, BO S.

STARK: Alle Strategien anwenden

1 Lies den Text. Sieh dir die farbigen Wörter genau an.

2 An welcher Stelle solltest du beim Schreiben der farbigen Wörter besonders aufpassen? Markiere diese Stelle.

3 Welche Strategie hilft dir diese Stelle richtig zu schreiben? Schreibe die passende Strategie auf und begründe.

Schuluniform – Was meinst du?

Land ←ä→ Länder ↔

In manchen Ländern ist eine einheitliche Kleidung in den Schulen Pflicht.

So stellen englische Mädchen und Jungen aus einer vorgeschriebenen Kollektion

ihre Kleidung zusammen. Stell dir vor, du müsstest deine Jeans gegen eine

Stoffhose oder einen Faltenrock tauschen und jeden Tag eine Krawatte tragen.

Oft gehören auch noch ein Polo-Shirt oder ein Hemd und ein Blazer dazu.

4 Finde zu den Wörtern **Krawatte** und **Hemd** drei weitere Wörter, bei denen die in Aufgabe 3 angewandte Strategie auch hilft.

Krawatte ○	**Hemd** ○

5 Markiere vier Merkwörter.

Freunde • Verein • Hausaufgaben • ihre • treffen • Moos • Plätze • trainieren

Das kann ich schon

Subjekt und Prädikat

1 Frage nach dem Subjekt und dem Prädikat.
Markiere sie in verschiedenen Farben.

- Alex trägt ein grünes T-Shirt.

- Die Jungen finden Alex cool.

- Zwei Mädchen schreiben Alex kleine Briefchen.

Fremdwörter richtig schreiben

2 Schreibe die Fremdwörter in die richtige Spalte der Tabelle.
Markiere schwierige Stellen.

Diskussion • Training • Plural • Pronomen • Gymnastik • Orchester • Aerobic • Chor • Foul • Singular • Refrain • Violoncello

Deutsch	Musik	Sport

Diese Seite fand ich: ○ leicht ○ mittel ○ schw

Strom überall

Informationen zusammenfassen

1 Lies den Text. Kläre unbekannte Begriffe.

2 Finde zu jedem Abschnitt eine Zwischenüberschrift.

Vor- und Nachteile von Solarenergie

Erneuerbare Energie

Die Solarenergie oder auch Sonnenenergie bezeichnet die Energie der Sonnenstrahlung. Diese kann in Form von Solarstrom oder Solarwärme genutzt werden. Solarenergie zählt zu den erneuerbaren Energien, denn die Wissenschaftler gehen davon aus, dass die Sonne noch viele tausend Jahre strahlt.

Die Energie, die auf die Erde einstrahlt, unterscheidet sich je nach Sonnenscheindauer, Jahreszeit, Uhrzeit und Wetter. Daraus ergibt sich der Nachteil, dass eine gleichbleibende Versorgung mit Solarenergie nicht möglich ist. Außerdem benötigt man zurzeit noch große Flächen für die Solaranlagen, um Wärme oder Strom zu erhalten.

Ein Vorteil der Solarenergie ist der Umweltschutz. Bei der Energiegewinnung werden keine schädlichen Treibhausgase in die Atmosphäre abgegeben. Außerdem werden keine fossilen Stoffe wie Kohle oder Erdöl verbraucht. Dadurch wird die Erde geschont.

3 Wähle einen Abschnitt. Markiere Stichworte und schreibe eine Zusammenfassung.

Wähle ein Partnerkind und erzähle ihm deine Zusammenfassung.

Informationen zusammenfassen

1 Lies den Text. Welche Verhaltensregeln kennst du?

2 Markiere im Text die Verhaltensregeln. Vergleiche sie mit der Zusammenfassung.

3 Ergänze in der Zusammenfassung weitere Verhaltensregeln aus dem Text.

Richtiges Verhalten bei Gewitter

Lenny und Mila beobachten Frösche am Bach. Doch plötzlich zieht ein Gewitter auf. Lenny ruft: „Mila, wir müssen vom Bach weg und aus dem Wald raus!“ Schnell springen sie auf die Räder und erreichen das angrenzende Feld. Schon wieder zuckt ein Blitz am Himmel. Mila zählt die Sekunden, bis der Donner lautstark zu hören ist. „Das Gewitter ist zu nah, wir schaffen es nicht mehr nach Hause.“ Sie legen die Räder ins Gras und laufen ein paar Meter weiter, weil Metall den Strom gut leitet. Schon klatschen dicke Regentropfen herab. Mila schreit: „Wir müssen in die Hocke gehen und die Füße ganz eng nebeneinanderstellen.“ „Ja, und die Arme um den Kopf schlingen und den Kopf nach unten halten“, ergänzt Lenny. Es ist ganz dunkel, um sie herum zucken Blitze und Donnerschläge krachen. Lenny flüstert: „Schade, dass kein Auto in der Nähe ist!“ Langsam wird es heller, das Gewitter zieht ab. Die beiden kommen klatschnass zu Hause an, keiner denkt mehr an die Frösche. Mila schreibt eine Zusammenfassung über richtiges Verhalten bei Gewitter für das Klassenbuch der 4 b.

Zusammenfassung:
- Beim Aufenthalt im Freien muss man sich rechtzeitig in Sicherheit bringen
- Man muss sich von Bäumen oder Türmen oder Strommasten entfernen, da Blitze oft in höhere Gegenstände einschlagen.
- Man muss Bäche, Seen oder Badestellen verlassen, da Wasser Strom anzieht.
- Im Auto ist man geschützt, da es Blitze abwehrt.

BB S. 100/101, BO S. 109/1

Präteritum und Perfekt

1 Lies den Text. Markiere die Verben **im Perfekt**.

Köln bei Nacht

Die Klasse 4 b sitzt im Morgenkreis. Juli erzählt von ihrem Ausflug zum Kölner Dom am Samstagabend.

„Mit großen Augen haben wir vor dem Kölner Dom gestanden. Dann sind wir die 533 Stufen hinaufgestiegen. Völlig außer Atem sind wir auf der Plattform angekommen. Aber der Ausblick hat uns echt entschädigt. Tausende von kleinen Lichtpunkten haben in der Dunkelheit geglitzert. Plötzlich haben die Lichter kurz geflackert. Ich habe gleich an einen Stromausfall gedacht. Da sind wir schnell wieder heruntergegangen. Heute Morgen habe ich in der Zeitung gelesen, dass es einen Stromausfall gegeben hat. Puh, da haben wir aber Glück gehabt!“

2 Trage die Verben **im Perfekt** mit Pronomen in die Tabelle ein.
Ergänze die Grundform.

Perfekt mit Pronomen	Grundform
wir haben gestanden	stehen

3 Schreibe Julis Erzählung als Tagebucheintrag **im Präteritum** auf.

Präteritum und Perfekt

1 Welche Aussagen stimmen? Kreuze an.

- ☐ Verben können in verschiedenen Zeitformen stehen.
- ☐ Wenn man etwas erzählt, das gerade geschieht, benutzt man gar kein Verb.
- ☐ Wenn man etwas erzählt, das vergangen ist, benutzt man das Verb oft im Perfekt.
- ☐ Wenn man etwas aufschreibt, das vergangen ist, steht das Verb oft im Präteritum.

2 Lies den Zeitungsartikel. Markiere nur die Verben im Präteritum.

Kölner Stadtteile ohne Strom

Am Samstagabend fiel in mehreren Kölner Stadtteilen der Strom aus. Viele Kölner verständigten die Polizei und überlasteten damit die Notrufleitungen. Die Feuerwehr rückte aus und befreite Menschen aus stecken gebliebenen Fahrstühlen. In den Krankenhäusern sprangen die Notstromaggregate an und versorgten so wichtige Geräte mit Energie. Die Ampeln fielen aus, deshalb regelten Polizisten den Verkehr. Zum Glück hat es keine Unfälle mit Verletzten gegeben. Die Ursache des Stromausfalls war ein Kurzschluss in einem Umspannwerk. Diesen Defekt haben die Mitarbeiter des Stromanbieters nach intensiver Suche gefunden. Kurz nach Mitternacht war der Strom wieder da.

Kölnische Morgenpos

3 Schreibe die zwei Sätze aus Aufgabe 2, die im Perfekt stehen, im Präteritum auf.

____

____

____

4 Schreibe je zwei Sätze im Perfekt und im Präteritum zum Thema Stromausfall.

____

____

____

____

BB S. 106, BO S. 115/1

Adjektive mit bar, los, sam

1 Lies den Text. Markiere alle Adjektive mit den Endungen **bar**, **los** und **sam**.

Elektrische Energie aus Kraftwerken

Kraftwerke sind für die Gewinnung von Strom sehr bedeutsam. Man unterscheidet sie danach, aus welchen Rohstoffen sie die Energie gewinnen. Zu diesen Rohstoffen gehören nicht ausnahmslos fossile Stoffe wie Braunkohle, Steinkohle, Erdöl und Erdgas, sondern auch Wasser.

Wasser gehört, genau wie Wind und Sonne, zu den Energiequellen, die wir als erneuerbar bezeichnen. In Wasserkraftwerken wird Wasser gestaut. Dabei entsteht nachweisbar großer Wasserdruck. Dieser treibt die Turbinen messbar an.

Die Standorte von Wasserkraftwerken werden sehr bedachtsam ausgewählt. Denn der Lebensraum von Fischen und anderen Tieren ist leicht zerstörbar und muss vorbehaltlos geschützt werden.

Bei Windkraftanlagen treibt der Wind die Turbinen an. Das geschieht nicht lautlos. Deshalb sind sie entfernt von Häusern und auf dem Meer einsetzbar.

Die Sonne strahlt fast endlos auf die Erde. In den Solarzellen wird die Sonnenenergie direkt in elektrische Energie umgewandelt. Allerdings ist die Sonnenstrahlung am besten, wenn es wolkenlos ist.

2 Schreibe die Adjektive geordnet nach ihren Endungen auf.

bar: ______________________________

____

los: ______________________________

____

sam: bedeutsam, ______________________________

3 Schreibe zwei Sätze zum Thema Strom mit möglichst vielen Adjektiven aus Aufgabe 2 auf.

____

____

____

____

Wichtige Wörter üben

1 Verbinde die Reimwörter.

doch	seit	nie	wenn	kein	wan…
denn	weit	noch	wie	dann	nei…

2 Ergänze den Gegensatz.

selten oft ____________ hinter ____________

danach ____________ wenig ____________

immer ____________ heraus ____________

3 Markiere noch 11 wichtige Wörter.
Suche waagerecht →, senkrecht ↓ und diagonal ↘.

F	O	A	L	S	K	M	E	I	S	T	E	N	S	W	J
B	A	L	D	S	G	C	U	E	L	X	Q	I	B	G	E
E	K	U	C	Z	A	L	O	V	F	L	B	C	R	Z	T
B	L	O	ß	G	R	L	B	I	S	S	C	H	E	N	Z
Z	S	D	T	E	O	J	T	W	X	G	A	T	U	P	T
T	S	O	G	A	R	V	N	Ä	M	L	I	C	H	L	W

4 Ordne die markierten Wörter nach Silben.

1 Silbe: bald, ____________

____

2 Silben: ____________

____

5 Finde weitere wichtige Wörter und schreibe sie auf.

____

____

BB S. 108, BO S. 1

Wörter mit ss oder ß

1 Lies den Text. Markiere **ss** und **ß**.
Mache die Lang-Kurz-Probe. Markiere den langen Selbstlaut mit einem –
und den kurzen Selbstlaut mit einem •.

Vorsichtsmaßnahmen beim Umgang mit Strom

Elektrischer Strom spielt in unserem Alltag eine große Rolle.
Deshalb muss man wichtige Vorsichtsmaßnahmen ergreifen.

- Außer Steckern gehört nichts in die Steckdose.
- Fasse nie Geräte mit beschädigtem Kabel an, die an den Strom angeschlossen sind.
- Benutze niemals elektrische Geräte in der Badewanne. Wasser ist ein guter Leiter.
- Bastle niemals an defekten elektrischen Geräten, wenn sie an den Strom angeschlossen sind.
- Hole niemals ein Toastbrot mit dem Messer aus dem Toaster.
- Lasse niemals einen Drachen in der Nähe einer Hochspannungsleitung steigen. Der Strom könnte durch dich zur Erde fließen.

2 Markiere den Wortstamm. Ordne die Wörter nach ihren Wortfamilien.

Wenn sich der Wortstamm ändert, musst du aufpassen, ob du ss oder ß schreibst.

~~der Riss~~ • er schließt • die Messlatte • ich maß •
ich reiße • messen • ausreißen • sie schloss • maßlos •
wir rissen ab • die Schließanlage

reiß: der Riss, ______________________

____

schließ: ______________________

____

mess: ______________________

____

3 Finde zwei weitere Wörter zu den Wortfamilien und schreibe sie auf die Linien.

Länge des Selbstlautes prüfen

Lang/kurz?

1 Klingt der Selbstlaut lang oder kurz? Mache die Lang-Kurz-Probe.
Markiere den langen Selbstlaut mit einem – und den kurzen Selbstlaut mit einem •

Tipp • sparen • stoßen • denn • Strom • Verbrennung •
Wasser • Dampf • Rad • treiben • Kraft • Leitung

2 Ordne die Wörter aus Aufgabe 1 in die Tabelle ein.

langer Selbstlaut –	kurzer Selbstlaut •
	Tipp

3 Schreibe das Verb **treten** in allen Personalformen im Präsens und im Präteritum a
Mache die Lang-Kurz-Probe und markiere – oder •.

Präsens	Präteritum
ich trete	ich trat
du	

STARK: Alle Strategien anwenden

1 Lies den Text. Sieh dir die farbigen Wörter genau an.

2 An welcher Stelle solltest du beim Schreiben der farbigen Wörter besonders aufpassen? Markiere diese Stelle.

3 Welche Strategie hilft dir diese Stelle richtig zu schreiben? Schreibe die passende Strategie auf und begründe.

Fossile Brennstoffe

fossilen

Zu den fossilen Brennstoffen gehören Kohle, Erdöl und Erdgas. Diese Brennstoffe

werden auch in Öfen verbrannt. Die Vorräte sind allerdings begrenzt. Sie werden

in absehbarer Zeit zu Ende gehen, denn viele Vorräte wurden bereits verbraucht.

Außerdem entstehen bei der Verbrennung Schadstoffe wie Kohlenstoffdioxid.

Das Treibhausgas erwärmt die Erdatmosphäre und trägt so zum Klimawandel bei.

4 Finde zu den Wörtern **fossil** und **erwärmt** drei weitere Wörter, bei denen die in Aufgabe 3 angewandte Strategie auch hilft.

fossil	**erwärmt**

5 Markiere vier Merkwörter.

endlos • viel • Zeit • Kohle • verbrauchst • außerdem • Erde • Solarstrom • Tablet

Das kann ich schon

Präteritum und Perfekt

1 Markiere die Verben im Perfekt und trage sie mit Pronomen in die Tabelle ein. Ergänze die Zeitform Präteritum.

Im Freilichtmuseum

Michel ist mit seinen Eltern in ein Freilichtmuseum gegangen. Zuerst hat er den We zu den Windmühlen eingeschlagen. Er hat gelesen, dass die Menschen schon früh die Kraft des Windes für sich genutzt haben. Dann hat Michel sich das Innere der Getreidemühle angeschaut. Dort haben früher die Müller Getreide zu Mehl gemahlen. Auch die Sägemühle daneben hat ihn fasziniert.

Perfekt mit Pronomen	Präteritum mit Pronomen

Wörter mit ss oder ß

2 Markiere den Wortstamm. Ordne die Wörter nach ihren Wortfamilien.

beißen • grußlos • der Biss • die Grußkarte • bissig • der Gruß • ihr bisst • begrüßenswert • wir grüßten • das Gebiss • beißend • begrüßen

gruß: ______________________________

____

beiß: ______________________________

____

Diese Seite fand ich:
O leicht O mittel O schw

Vom Leben der Wale

Einen Text genau lesen

1 Lies den Text. Kläre unbekannte Wörter.

Neue Walart entdeckt

Fischer haben vor der japanischen Küste Wale gesichtet, die anders aussehen als alle bisher bekannten Wale. Forscher haben herausgefunden, dass es sich um eine bisher unbekannte Art von Schnabelwalen handelt. Sie gehören zu den Zahnwalen. Da der neu entdeckte Wal kleiner ist als die bekannten Baird-Wale, wurde er Berardius minimus genannt. Er wird nicht 10 m, sondern nur 6–7 m lang und hat einen noch spindelförmigeren Körper. Sein Schnabel ist kleiner als der seiner Artgenossen und er hat eine dunklere Körperfarbe. Der Berardius minimus bevorzugt sehr tiefes Meerwasser und kann lange tauchen. Das erschwert es den Wissenschaftlern, die unbekannten Wale noch besser zu untersuchen. Viele Fragen sind noch offen.

2 Lies die Fragen. Markiere die Antworten im Text und schreibe sie auf.

- Welche Art von Walen haben Fischer entdeckt?

___

- Wodurch unterscheidet sich der Schnabel des Berardius minimus von dem seiner Artgenossen?

___

- Warum ist es so schwer, den Wal Berardius minimus genauer zu untersuchen?

___

___

3 Überlege dir selbst zwei W-Fragen zum Text. Schreibe auch die Antworten auf.

___

___

___

___

Überfliegendes Lesen

1 Welche Aussagen stimmen? Kreuze an.

	stimmt	stimmt nicht
Beim überfliegenden Lesen mache ich Blicksprünge. Ich fliege mit den Augen über den Text.		
Beim überfliegenden Lesen lese ich alle Wörter einzeln, langsam und genau.		
Beim überfliegenden Lesen schließe ich von wichtigen Wörtern auf den Inhalt des Textes.		

2 Übe das überfliegende Lesen.
Lies dazu nur die **fett** gedruckten Wörter im Text.

Die Barten der Wale

Bartenwale haben **keine Zähne**. Sie **haben** stattdessen **Barten**. Das sind dünne, hornige **Platten**. Man kann sie sich wie Borsten bei Pinseln vorstellen. Die Barten hängen **an beiden Seiten des Oberkiefers** herab. Die meisten Bartenwale haben **200 bis 400** solcher **Platten**. Sie **funktionieren wie** ein **Riesensieb**. Damit **sieben** die Wale **Krustentiere** und ganze Schwärme von **Krill** aus dem Meer und können sie anschließend **einschlürfen**. Ein Bartenwal braucht **täglich mehrere Millionen** dieser Krebstierchen.

3 Worum geht es in dem Text? Kreuze an.

- ☐ Wale pflanzen sich fort mit Barten.
- ☐ Barten bestehen aus mehreren Platten.
- ☐ Barten funktionieren wie ein Riesensieb.
- ☐ Die Barten befinden sich am Unterkiefer.
- ☐ Bartenwale fressen täglich mehrere Millionen von Krustentieren und Krill.

4 Lies nun den ganzen Text und überprüfe deine Antworten in Aufgabe 3. Was hast du herausgefunden?

____

____

____

BB S. 119, BO S. 1

Einen Sachtext schreiben

1 Welche Tipps zum Schreiben eines Sachtextes stimmen? Kreuze an.

- ☐ Schreibe sachlich.
- ☐ Schreibe sehr ausführlich mit vielen Ausschmückungen.
- ☐ Verwende alle Stichworte von unten nach oben.
- ☐ Halte die Reihenfolge ein.
- ☐ Schreibe in der Zeitform Futur (Zukunft).
- ☐ Achte auf vollständige Sätze.

2 Schreibe einen Sachtext über den Pottwal.
Nutze dazu die Informationen aus dem Steckbrief.

Steckbrief

Name:	Pottwal
Gruppe:	Zahnwale
Größe:	bis zu 18 m
Aussehen:	dunkelgraue Haut, rechteckiger Kopf, große Fluke
Alter:	bis zu 70 Jahre
Lebensraum:	weltweit alle tiefen Gewässer
Nahrung:	Tintenfische und Riesenkraken
Natürliche Feinde:	keine
Besonderheiten:	sie haben das schwerste Gehirn aller Säugetiere

Verben mit Wortbausteinen

Verwende jeden Wortbaustein nur einmal, auch wenn er mehrmals passen würde.

1 Sieh dir die Wortbausteine an.
Verbinde sie zu sinnvollen Verben und schreibe.

ein	blasen	______
auf	schlafen	______
zu	atmen	______
aus	drehen	______

2 Schreibe immer vier sinnvolle Verben mit den Wortbausteinen auf die Linien.
Schreibe die Personalform dazu.

	Grundform	Personalform
~~an~~ ab zer auf zu – schließen	anschließen	ich schließe an
	______	du ______
	______	er ______
	______	wir ______
ein ent aus auf ab – steigen	______	ihr ______
	______	sie ______
	______	es ______
	______	ich ______

3 Finde zu dem Verb **schauen** zwei sinnvolle Wortbausteine.
Schreibe dann mit den Verben Sätze.

↙ **schauen** ↘

______ ______

______

______

BB S. 124, BO S.

Futur

1 Lies den Text. Schreibe die farbigen Verben auf die Linien.

Schulthema Walbeobachtung

Juli und Michel werden in der Schule das Thema Wale behandeln. Sie werden Informationen aus Büchern und aus dem Internet zusammentragen. Auch zu Hause werden sie viel Zeit miteinander verbringen, denn sie wollen eine Walbeobachtung planen. Ob sie wohl in Deutschland echte Wale sehen werden?

werden behandeln

2 Markiere die fünf Verben und schreibe sie auf die Linien.

In einigen Tagen werde ich an die Ostsee fahren. Dort werde ich die Schweinswale beobachten. Ich werde sie bestimmt an der Rückenfinne erkennen. Dann werde ich ganz viele Fotos von der kleinen Rückenfinne machen. Die Fotos werde ich in mein Walbeobachtungsheft kleben.

werde fahren

3 Schreibe die drei Sätze in der Zeitform Futur.

Naturforscher – die Besucher – auf Aussichtspunkte – führen
Sie – dort – mit Ferngläsern – das Meer – absuchen
Mit viel Glück – sie – einen Blick – auf den Kleinen Tümmler – erhaschen

Wortfamilien

1 Lies die Wörter.
Markiere den Wortstamm.

Hinweis • abweisen • Weisheit • wohlweislich • vorweisen • abweisend

2 Ordne die Wörter nach ihren Wortfamilien.
Markiere den Wortstamm.

~~rücksichtsvoll~~ • fütternd • zufassen • rückwärts • Fässer • Futter • anfassen • abfüttern • verrücken • umfassend • Fütterung • abrücken • unfassbar • verfüttern • Rückenflosse

fass: ______________________________

____

rück: rücksichtsvoll, ______________________________

____

futt: ______________________________

____

3 Finde mindestens fünf Wörter jeweils zu den Wortfamilien **groß**, **halt** und **mal**.
Schreibe auf.

groß: großartig, ______________________________

____

halt: ______________________________

____

mal: ______________________________

____

____

Verben mit ieren

1 Lies die Verben mit **ieren** und markiere die Endung.
Welches Nomen gehört zum Verb? Kreuze an.

studieren	☐	Stunde	riskieren	☐	Risiko
	☒	Studium		☐	Reise
diktieren	☐	Diktat	signalisieren	☐	Signierung
	☐	Dinkel		☐	Signal

2 Verwandle die Nomen in Verben. Benutze dazu die Endung **ieren**.

Alarm: alarmieren ____________ Kopie: ____________

Friseur: ____________ Rasur: ____________

Buchstabe: ____________ Spende: ____________

3 Wähle aus Aufgabe 2 zwei Verben und schreibe alle Personalformen im Präteritum (Vergangenheit) auf. Schreibe so: alarmieren: ich alarmierte, du ...

____

____

____

____

____

____

4 Bilde mit den Verben aus Aufgabe 1 Sätze im Präsens (Gegenwart).

____

____

____

____

Das kann ich schon

Verben mit Wortbausteinen

1 Schreibe immer vier sinnvolle Verben mit den Wortbausteinen auf die Linien. Schreibe die Personalform dazu.

	Grundform	Personalform
ab, um, an, zu, zurück — beißen	______	ich ______
	______	er ______
	______	ich ______
	______	es ______
ab, er, aus, hin, weg — fallen	______	sie ______
	______	du ______
	______	wir ______
	______	es ______

Verben mit ieren

2 Verwandle die Nomen in Verben. Benutze dazu die Endung **ieren**.

Laut: ______ Gruppe: ______

Telefon: ______ Block: ______

Fotograf: ______ Pause: ______

3 Wähle aus Aufgabe 2 ein Verb und schreibe alle Personalformen im Präteritum (Vergangenheit) auf.

______

______

______

Diese Seite fand ich:
○ leicht ○ mittel ○ schw

Mein Fahrrad

Verkehrszeichen lesen

1 Male die Verkehrszeichen in den richtigen Farben aus.
Verbinde, was zusammengehört.

Gemeinsamer Rad- und Gehweg	Nur in Pfeil-richtung	Vorfahrts-straße	Verbot der Einfahrt	Vorfahrt gewähren

2 Welche offiziellen Bezeichnungen gehören zu welchen umgangssprachlichen Bezeichnungen? Ordne zu und schreibe die Lösung auf.

Lichtzeichenanlage (U)	1A	Telefon (G)	
Fußgängerüberweg (T)	2A	Ampel (N)	1B
Verkehrsberuhigter Bereich (R)	3A	Achtung, Rehe (!)	
Fernsprecher (E)	4A	Zebrastreifen (E)	
Wildwechsel (S)	5A	Spielstraße (W)	

Lösung: U __ __ __ __ __ __ __ __ __

1A 1B 2A 2B 3A 3B 4A 4B 5A 5B

3 Denke dir selbst ein Gefahrenzeichen aus, das es im Straßenverkehr noch nicht gibt. Gib deinem Gefahrenzeichen einen Namen.

____

Zu einem Text Stellung nehmen

1 Lies den Text. Wie findest du das Vorgehen in den Niederlanden?

Mehr Platz für Fahrräder als für Autos

In Deutschland gibt es viele Parkhäuser und Parkplätze für Autos, aber oft nicht ausreichend Fahrradständer. Es wird darüber nachgedacht, Parkplätze für Autos zu reduzieren, um mehr Fahrradstellplätze zu schaffen. Außerdem diskutiert man, ob die Radwege verbreitert werden sollten.

In den Niederlanden gibt es ganze Parkhäuser nur für Fahrräder. In Utrecht, der viertgrößten Stadt der Niederlande, wurde im Jahr 2019 direkt am Hauptbahnhof das größte Fahrrad-Parkhaus der Welt eröffnet.

Es bietet Platz für 12 656 Fahrräder auf drei Etagen. Dafür gibt es weniger Parkhäuser für Autos.

Die Niederländer sind begeisterte Radfahrer: 22 Millionen Fahrräder gibt es dort. Viele Menschen nutzen ihr Rad täglich und lassen das Auto stehen. Es gibt dort sehr breite Radwege und viele Stellflächen für Räder – also viel Platz für Fahrräder, dafür weniger Platz für Autos.

Die Fahrradfahrer fühlen sich unterwegs sehr sicher und finden immer einen freien Stellplatz. Zusätzlich bewegen sie sich auf dem Rad umweltfreundlich fort und tun etwas für ihre eigene Gesundheit.

Sollte Fahrrädern auch in Deutschland mehr Platz eingeräumt werden?

2 Was spricht dafür? Markiere Pro-Argumente im Text und schreibe sie in Stichworten auf.

____

____

____

3 Gibt es Gründe, die dagegen sprechen? Schreibe in Stichworten.

____

____

____

4 Hättet ihr gerne, dass es in Deutschland so fahrradfreundlich wie in den Niederlanden zugeht? Diskutiert darüber in der Gruppe.

BB S. 137, BO S. 1

Präpositionen verwenden

1 Welche Präpositionen fallen dir ein? Schreibe sie in den Fahrradkorb.

2 Sieh dir das Bild aus der Verkehrsschule genau an.
Ergänze die fehlenden Präpositionen in den Sätzen.

Sara fährt ________________ Max.

Jonas sitzt ________________ seinem blauen Fahrrad.

Ali schiebt sein Rad ________________ den Zebrastreifen.

3 Schreibe weitere Sätze zum Bild.
Verwende in jedem Satz eine Präposition.

____

____

____

____

____

Einen Weg beschreiben

1 Rufe dir deinen Schulweg ins Gedächtnis.
An welchen Straßen und wichtigen Orientierungspunkten kommst du vorbei?

2 Schreibe diese Punkte in Stichworten auf.

3 Beschreibe deinen Weg zur Schule möglichst genau.

Wenn ich aus dem Haus gehe, gehe ich zuerst

Wählt einen Ort auf eurem Schulgelände aus.
Beschreibt den Weg dorthin ganz genau.
Probiert eure Beschreibung anschließend aus.
Landet ihr wirklich an eurem geplanten Zielort?

BB S. 141, BO S. 1

Aus Verben werden Nomen

1 Sieh dir das Bild an und lies den Text.
Worum geht es hier? Finde eine Überschrift.

2 Verb oder Nomen?
Setze die Wörter aus dem Kasten
passend in die Sätze ein.

SPIELEN • GEWINNEN • SPAREN • SPRINTEN • ~~BEGINNEN~~ • FAHREN • ÜBERQUEREN • MACHEN

____

„Herzlich willkommen, liebe Zuhörerinnen und Zuhörer, zur diesjährigen Bahnradsportmeisterschaft. Gleich beginnen ______ die ersten Sprints. Die Zeiten ______________ dabei keine Rolle, es zählt nur das ______________ der Ziellinie als Erster. Die Fahrer müssen beim ______________ gute Nerven beweisen. Wer zuerst lossprintet, hat den anderen Fahrer im Windschatten und damit einen großen Nachteil. Beim ______________ im Windschatten können die Sportler nämlich viele Kräfte ______________ und am Ende leichter ______________. Jetzt geht es los! Die ersten Sportler ______________ sich startbereit.“

3 Setze die Wörter passend ein.

STÜRZEN • ÜBERHOLEN

Bei anderen Disziplinen muss den Fahrern das ______________ auf der Bahn gelingen. Andere Fahrer zu ______________ stellt eine Gefahr dar, da man leicht ______________ kann. Beim ______________ werden oft andere Fahrer mit umgerissen.

Die Fälle des Nomens

1 Was gehört zusammen? Verbinde und schreibe.

1. Fall	Wem-Fall	Akkusativ	der Fahre
2. Fall	Wen-Fall	Nominativ	dem Fahre
3. Fall	Wer-Fall	Genitiv	den Fahre
4. Fall	Wessen-Fall	Dativ	des Fahrer

1. Fall – Wer-Fall – Nominativ – der Fahrer

2 Lies die Sätze und beantworte die Fragen.
Schreibe dazu, in welchem Fall die Antwort steht.

Anna traf ihre Freundin.
Annas Fahrrad war zu klein.
Das Mädchen fuhr nun mit dem blauen Rad.
Es gehörte ihrer großen Schwester.

Wer oder was traf ihre Freundin? Anna. Wer-Fall (Nominativ)

Wen oder was traf Anna? ____________________

Wessen Fahrrad war zu klein? ____________________

Wer oder was fuhr nun mit dem blauen Rad? ____________________

Wem gehörte es? ____________________

BB S. 143, BO S. 157/1

Die Fälle des Nomens

3 Lies den Text. In welchem Fall stehen die farbigen Wörter?
Schreibe **N** für **N**ominativ, **G** für **G**enitiv,
D für **D**ativ und **A** für **A**kkusativ darüber.

Vorhaben am Wochenende

An diesem Samstag brachte Anna ihrem Opa [D] zuerst den Apfelkuchen [ ] vorbei.

Das Mädchen und ihre Schwester [ ] waren extra früh aufgestanden.

Die beiden Schwestern [ ] hatten den Lieblingskuchen ihres Opas [ ] morgens gebacken.

Der Großvater [ ] freute sich sehr über Annas [ ] Überraschung.

Ihren Opa [ ] musste Anna [ ] bald wieder verlassen.

Denn ihre Freundin [ ] wartete schon auf ihren Besuch [ ].

Mit dem Fahrrad [ ] fuhr sie schnell los. Endlich erreichte sie die Schillerstraße [ ].

Dort wohnte ihre beste Freundin [ ]. Zwei Kuchenstücke [ ] hatte sie noch im Gepäck.

4 Übertrage deine Buchstaben in den Lösungssatz.

D _ _ _ _   _ I _ _   _ _ _ _ _ ZU _ _ _ _ _.

5 Wähle noch zwei Nomen aus dem Text aus. Schreibe sie in allen vier Fällen auf.

Nominativ: ihr Besuch	**Genitiv:** ihres Besuchs
Dativ: ihrem Besuch	**Akkusativ:** ihren Besuch

Wörter mit V oder v M

1 Bilde Verben. Verwende beide Vorsilben und schreibe die gefundenen Verben auf.

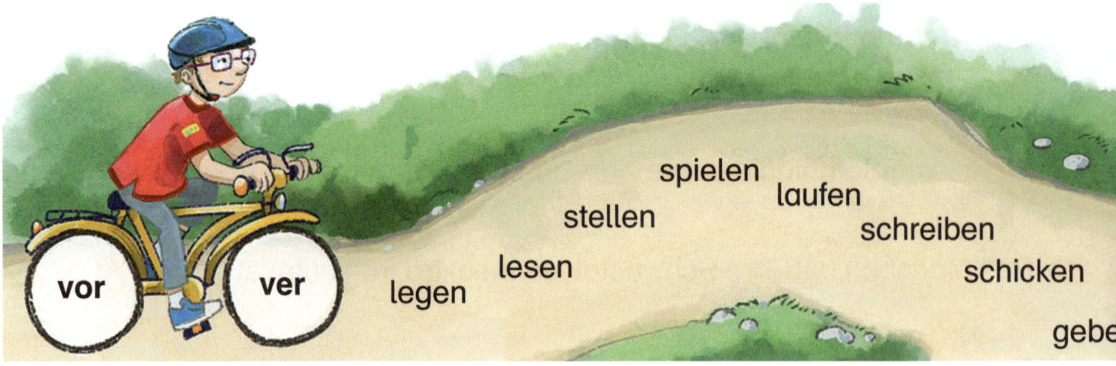

vorlegen – verlegen, ______

______

______

______

2 Finde die Nomen zu den Adjektiven. Schreibe sie mit Artikel auf.

verdächtig der Verdacht

vorsichtig ______ vorwurfsvoll ______

kurvig ______ vorrätig ______

väterlich ______ vernünftig ______

viereckig ______ versöhnlich ______

vertraglich ______ verärgert ______

3 Bilde zu den Adjektiven Verben mit **v**.

voraussagbar voraussagen verwöhnt ______

vergesslich ______ vertraulich ______

vorstellbar ______

BB S. 144, BO S. 1

Wörter mit langem i M

1 Benenne die Farben mit langem **i**.

 ____________  ____________

2 Löse das Rätsel und schreibe den Lösungssatz auf.

Der Arzt verschreibt dir ein …
___ ___ ___ ___ ___ ___ ___ ___ ___ ___
1 8 11

Dieses Tier hat viele Stacheln.
___ ___ ___ ___
4 20

Man nennt es auch Hippopotamus oder Flusspferd.
___ ___ ___ ___ ___ ___ ___ ___
9 16

Saure Frucht
___ ___ ___ ___ ___ ___ ___
21 15

Schneemassen, die vom Berg in die Tiefe stürzen
___ ___ ___ ___ ___ ___
24 14

Beim Arzt solltest du einen … vereinbaren.
___ ___ ___ ___ ___ ___
6 10

Getrocknete Weintrauben
___ ___ ___ ___ ___ ___ ___
18

Zweiteiliger Badeanzug für Mädchen
___ ___ ___ ___ ___ ___
3 22

Dracula ist ein …
___ ___ ___ ___ ___ ___
23 19 12

Pfirsich mit glatter Haut
___ ___ ___ ___ ___ ___ ___ ___ ___
17 25 7

Schiffsführer oder Anführer einer Sportmannschaft
___ ___ ___ ___ ___ ___ ___
13 27

Dickflüssiger, süßer Saft, mit Wasser zu verdünnen
___ ___ ___ ___ ___
5 2

Grippe-…
___ ___ ___ ___ ___
26

Lösungssatz: ___ ___   ___ ___ ___ ___   ___ ___ ___
1 2   3 4 5 6   7 8 9

___ ___ ___ ___ ___ ___ ___ ___ ___ ___ ___ ___ ___ ___ ___ ___ ___ ___ !
10 11 12 13 14 15 16 17 18 19 20 21 22 23 24 25 26 27

3 Schreibe die Lösungen in der Einzahl und in der Mehrzahl auf.

Das kann ich schon

Aus Verben werden Nomen

1 Verb oder Nomen?
Setze die Wörter aus dem Kasten passend in die Sätze ein.

BESUCHEN • FAHREN • FAHREN • AUFSTEIGEN • ÜBEN • ÜBEN •
SITZEN • ABSTOßEN • EINRADFAHREN • KIPPEN • LERNEN

Zirkusreif

Die Zwillinge Lars und Rike ____________________ Räder, allerdings haben ihre Räder nur ein Rad. Die beiden lieben das ____________________ auf Einrädern. Beim ____________________ einer Zirkusvorstellung haben sie das erste Mal Einräder gesehen. Seitdem ____________________ sie täglich. Das ____________________ ist ganz wichtig. Denn im Vergleich zum Fahrrad ist das ____________________ viel schwieriger. Dazu muss man das Einrad nach hinten ____________________ und sich dann mit dem Fuß vom Boden ____________________. Auch das ____________________ auf dem Einradsattel muss man erst ____________________. Zum ____________________ braucht man einen sehr guten Gleichgewichtssinn.

Wörter mit V oder v

2 Finde die Nomen zu den Adjektiven. Schreibe sie mit Artikel auf.

vorteilhaft ____________________ vielfältig ____________________

nervig ____________________ vergleichbar ____________________

veränderbar ____________________ pulverig ____________________

vorbildlich ____________________ vermutlich ____________________

Diese Seite fand ich:
○ leicht ○ mittel ○ schw

Einfach genial!

Eine Bauanleitung lesen

1 Sieh dir die Bilder in Aufgabe 2 an.
Markiere im Kasten, was du zum Bauen eines Jo-Jos brauchst.

Turnschuhe • zwei alte CDs • Klebestreifen • Pappe • Lineal • Brotdose • Schnur • Bleistift • Locher • Knete • Schere

2 Ordne die Sätze nach den Schritten der Bauanleitung.
Trage die richtige Zahl ein.

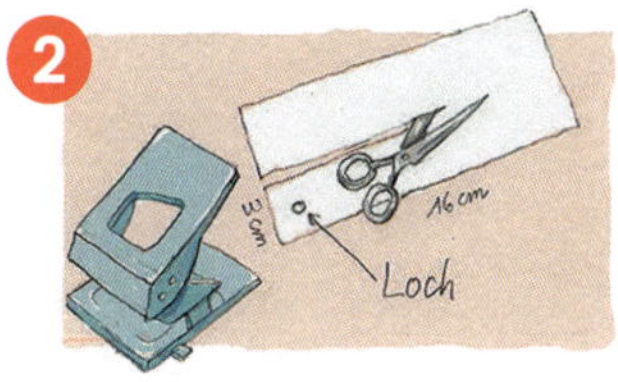

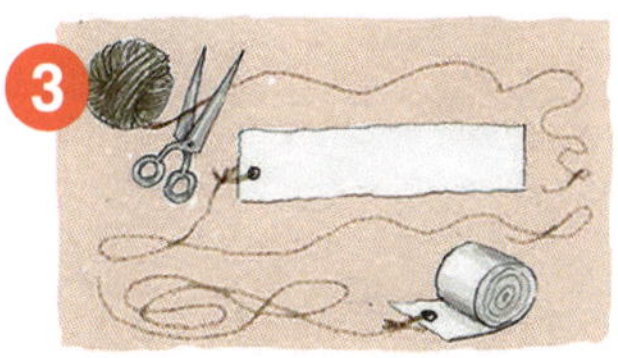

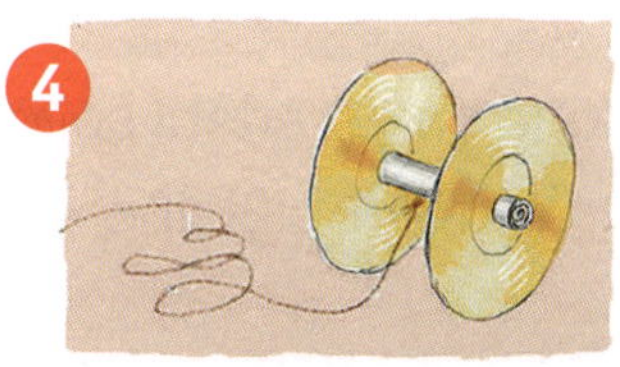

	Schneide einen 16 cm langen und 3 cm breiten Pappstreifen zu. Mache mit dem Locher am oberen Ende in der Mitte ein Loch.
	Schneide den äußeren Rand des Pappröllchens auf beiden Seiten 5-mal gleich tief ein. Knicke die kleinen Stücke um und klebe sie an die CD.
1	Lege zwei alte CDs, ein Stück Pappe, eine Schere, einen Locher, eine Schnur (oder Wolle), Klebestreifen, ein Lineal und einen Bleistift bereit.
	Wickle die Schnur um das Pappröllchen zwischen den CDs und los geht's.
	Schneide 70 cm Schnur ab und knote sie an das Loch. Rolle den Pappstreifen nun ganz fest so auf, dass ein Röllchen entsteht.
	Stecke an jedes Ende des Pappröllchens eine CD.

Baue dir nach dieser Anleitung ein eigenes Jo-Jo.
Welche Materialien könntest du auch für den Bau eines Jo-Jos verwenden?
Informiere dich in Büchern oder im Internet.

Eine Skizze und eine Funktionsbeschreibung lesen

1 Sieh dir die Skizze an. Was erfährst du darauf?

Skizze

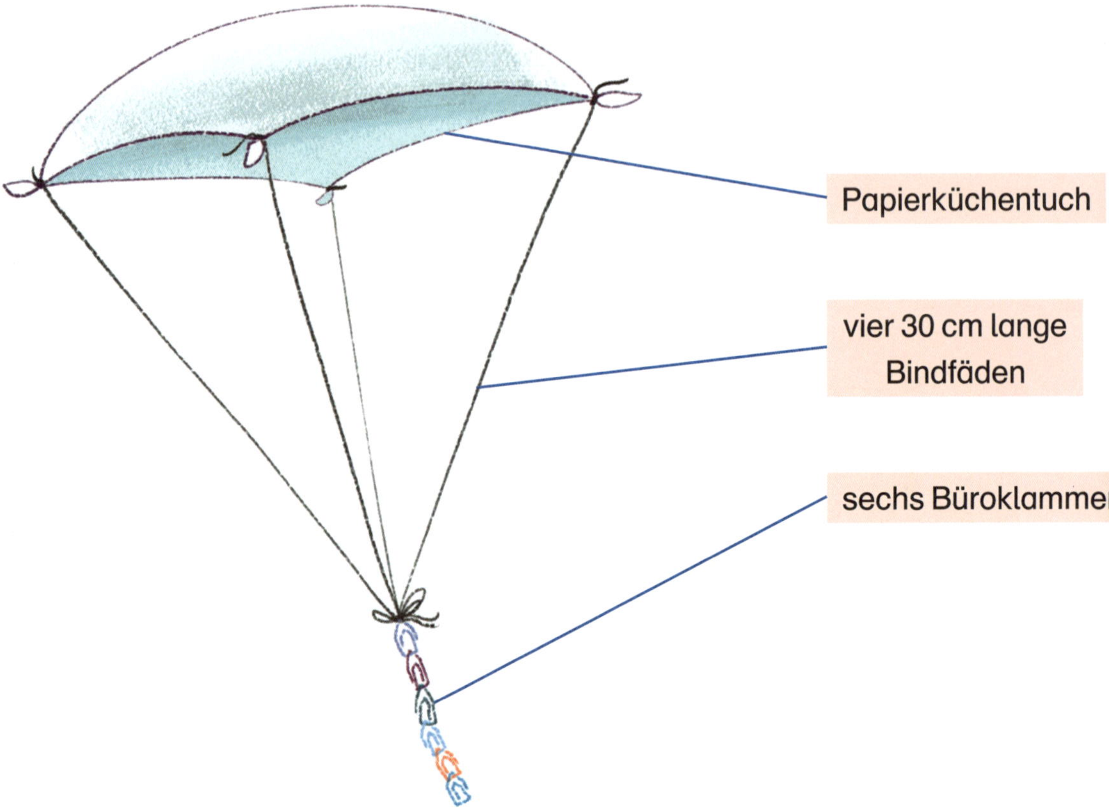

2 Lies den Text. Worum geht es?
Tausche dich mit einem Partnerkind aus.

Der Fallschirm

Ein Fallschirmspringer springt aus 3 000 bis 4 000 m Höhe ab. Er erlebt so lange den „freien Fall“, bis er die Reißleine zieht. Mit dem Zug an der Reißleine öffnet sich der Fallschirm.
Die große Fläche des Fallschirmes sorgt dafür, dass der Fall abgebremst wird. Die Luft leistet dem Fallschirmtuch Widerstand und verlangsamt so den Fall. Je größer die Fläche des Fallschirmtuches ist, desto größer ist der Widerstand, den die Luft bietet. Das heißt: Je größer der Luftwiderstand ist, desto langsamer schwebt der Fallschirmspringer zu Boden.
Der Körper oder Gegenstand ist mit Fangseilen mit dem Fallschirm fest verbunde
So landet der Fallschirmspringer unversehrt am Boden.

3 Schreibe in wenigen Sätzen auf, wie der selbst gebaute Fallschirm funktioniert.

Baue dir einen eigenen Fallschirm.
Oder: Finde heraus, wozu Fallschirme auch noch eingesetzt werden.
Informiere dich in Büchern oder im Internet.

BB S. 153, BO S.

Sich in einem Lexikon orientieren

1 Was stimmt? Kreuze an.

	stimmt	stimmt nicht
In einem Lexikon ist das Stichwort fett gedruckt.		
In einem Lexikon stehen spannende Geschichten.		
Ein Verweis (↗ Brille) führt zu einem anderen Eintrag.		
Zwischenüberschriften werden kursiv gedruckt.		

2 Lies den Lexikonartikel über die Sonnenbrille.
Beschrifte.

S

Sonnenbrille:
Eine Sonnenbrille ist eine ↗ Brille mit farbigen ↗ Gläsern, die die Durchlässigkeit von ↗ Licht zu den ↗ Augen verringert. So schützt sie die Augen vor der Sonneneinstrahlung.

Sonnenbrille

Geschichte
Schon die ↗ Inuit hielten sich Holzblöcke oder Leder mit Schlitzen als Schutz vor dem Sonnenlicht vor die Augen.
Im Jahr 1752 experimentierte ein britischer Konstrukteur mit bläulich und grünlich gefärbten Gläsern, die als die Vorläufer der heutigen Sonnenbrille gelten.

Sonnenschutz der Inuit

Heute bestehen Sonnenbrillengläser aus einer farbigen Schicht und einem ↗ UV-Filter. Der UV-Filter schützt die Augen vor den gefährlichen ↗ UV-Strahlen der Sonne. Eine gute Sonnenbrille lässt seitlich und von oben wenig ↗ Streulicht auf die Augen fallen.

Seite 199

Vergleicht den Lexikonartikel mit dem Artikel im Basisbuch auf Seite 154.
Welche Gemeinsamkeiten und Unterschiede fallen euch auf?

Das Akkusativobjekt

1 Lies die Sätze und markiere die Satzglieder in verschiedenen Farben.

2 Stelle jeden Satz zweimal um.

3 Frage in jedem Satz nach dem Akkusativobjekt und schreibe die Antwort auf.

Haihaut als Vorbild

- Die Haihaut hat einen geringen Wasserwiderstand.

Einen geringen Wasserwiderstand hat ______

______

Frage: Wen oder was ______

Akkusativobjekt: ______

- Die Haihaut interessiert die Bioniker.

______

______

Frage: ______

Akkusativobjekt: ______

- Sie hat schuppenartige Hautzähnchen.

______

______

Frage: ______

Akkusativobjekt: ______

4 Schreibe zwei eigene Sätze. Markiere das Akkusativobjekt.

Die Verben untersu
erfinden oder brau
können dir helfe

______

______

BB S. 158, BO S. 173/

Wörter erfinden

1 Was hat Tinto mit diesem Satz gemacht?
Kreuze an und schreibe richtig.

Tonto hotto oonon gonoolon Oonfoll.

- [ ] Tinto hat die Wörter rückwärts geschrieben.
- [ ] Tinto hat die Silben vertauscht.
- [ ] Tinto hat die Selbstlaute durch den jeweils nächsten Selbstlaut ersetzt.
- [ ] Tinto hat alle Selbstlaute durch einen einzigen Selbstlaut ersetzt.
- [ ] Tinto hat den Anfangsbuchstaben ans Ende gesetzt.

So heißt der Satz richtig: ______________________________

2 Was ist hier passiert? Schreibe die Sätze richtig auf.

- Arumw eißth asd Uscheltierk Eddybärt?

____

- yddeT raw red emanztipS sed nehcsinakirema netnedisärP tlevesooR.

____

____

- Ir wullti bio ionir Bärinjegd nocht schoißin.

____

- Halbdes dewur Dysted Bär zum Bildvor für leal Dybärented.

____

____

3 Markiere die Fantasie-Wortstämme mit verschiedenen Farben.

abschlerksig • kölfern • zautzerisch • zuschlerkssam • abkölfern • Zautzlickeit • Schlerksballon • kölferst • zautzen • Schlerksigtum • kölferlos

4 Schreibe selbst Wörter mit Fantasie-Wortstämmen.
Oder: Schreibe Sätze wie in Aufgabe 1 und 2.
Finde ein Partnerkind und bitte es, die Sätze richtig aufzuschreiben.

BB S. 159, BO S. 175

Wörter mit stummem h M

1 Stimmen die Aussagen? Kreuze an.

	stimmt	stimmt nicht
Um ein Merkwort mit stummem **h** richtig zu schreiben, hilft es, es in Silben zu zerlegen.		
Um ein Merkwort mit stummem **h** richtig zu schreiben, hilft es, genau hinzuhören.		
Um ein Merkwort mit stummem **h** richtig zu schreiben, hilft es, sich das Wort gut zu merken.		
Um ein Merkwort mit stummem **h** richtig zu schreiben, hilft es, verwandte Wörter zu finden.		

2 Löse das Kreuzworträtsel.
Gesucht werden Wörter mit stummem **h**.

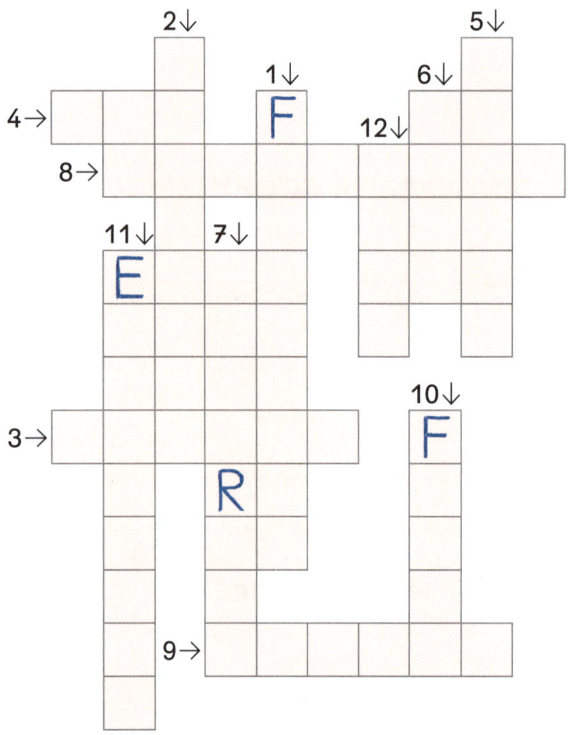

1. Sie kommt und löscht Feuer.
2. Das Gegenteil von traurig ist …
3. Wenn man müde ist, muss man
4. Das Organ zum Hören ist das …
5. Ein junges Pferd ist ein …
6. 365 Tage sind ein …
7. Sterne kann man gut beobachte mit einem …
8. Die Pusteblume ist zuerst gelb und heißt …
9. Um das Bild ist ein …
10. Auf dem Dach weht eine …
11. Fit bleibt man mit gesunder …
12. Das Gegenteil von wild ist …

3 Schreibe jeweils zwei Merkwörter mit stummem **h** auf.

Stummes **h** vor **l**: ______________________

Stummes **h** vor **m**: ______________________

Stummes **h** vor **n**: ______________________

Stummes **h** vor **r**: ______________________

Das stumme
häufig nach
langen Selbst
vor l, m, n

BB S. 160, BO S. 1

Großschreibung von Nomen – Nominalgruppe

1 Im Kasten findest du Nomen und Artikelwörter. Markiere die Artikelwörter gelb. Schreibe die Lösung auf.

der (A) • Sturm (F) • einige (L) • Gerät (K) • seinem (L) • manche (E) • Feuer (P) • viele (S) • Sonne(L) • sonstige (A) • folgende (R) • Plan (S) • solche (T) • mehr (I) • Witz (C) • wenige (K) • Start (H) • weitere (E) • mein (L) • sämtliche (W) • Wolke (E) • etwas (Ö) • Buch (S) • verschiedene (R) • ein (T) • Tasche (K) • dieses (E) • Versuch (J) • jeder (R)

Lösung: A ___ ___ ___ ___ ___ ___ ___ ___ ___ ___ ___ ___ ___ ___ ___ ___ ___ ___!

2 Lies den Text. Markiere die Artikelwörter gelb und die Nomen blau.

Der Klettverschluss

Der naturverbundene Wissenschaftler Georges de Mestral ging mit seinem kleinen Hund spazieren. Danach hingen in seinem zotteligen Fell einige stachelige Kletten. Die genaue Beobachtung brachte den faszinierten Forscher dazu, diese feinen und elastischen Widerhaken der kleinen Klette mit solchen künstlichen Materialien nachzubauen. So entstand der viel benutzte Klettverschluss.

3 Schreibe die Artikelwörter und die Nomen auf. Ergänze vor jedem Nomen neue Adjektive. Markiere die Artikelwörter und die Nomen.

Der umweltbewusste Wissenschaftler Georges de Mestral, ______________________

____

____

____

____

____

4 Schreibe fünf sinnvolle Sätze. Benutze die Artikelwörter aus Aufgabe 1. Achte darauf, dass mindestens ein Adjektiv zwischen dem Artikelwort und dem Nomen steht.

Das kann ich schon

Das Akkusativobjekt

1 Frage in jedem Satz nach dem Akkusativobjekt und schreibe die Antwort auf.

- Die Klasse 4 b macht eine Erfinder-Ausstellung.

Frage:

Akkusativobjekt:

- Die Kinder haben Plakate und spannende Referate vorbereitet.

Frage:

Akkusativobjekt:

- Einige Kinder haben passende Gegenstände mitgebracht.

Frage:

Akkusativobjekt:

Großschreibung von Nomen – Nominalgruppe

2 Lies den Text. Markiere die Artikelwörter gelb und die Nomen blau.

Die Wurfscheibe

Der amerikanische Bäcker W. Frisbie stellte sämtliche leckere Kuchen auf seinen runden Blechen her. So um 1870 fischten einige spielende Kinder mehrere ausgediente Tortenbleche aus den überfüllten Mülleimern. Sie warfen damit hin und h Seitdem haben viele bewegungsfreudige Menschen den größten Spaß damit.

3 Schreibe die Artikelwörter und die Nomen auf. Ergänze vor jedem Nomen neue Adjektive. Markiere die Artikelwörter und die Nomen.

Diese Seite fand ich: ○ leicht ○ mittel ○ schw

Eine Zeitung entsteht

Ein Informationsmedium kennen

1 Lies die Texte. Überlege, welche gedruckten Zeitungsarten beschrieben werden.

A In vielen Städten werden kostenlos **Anzeigenblätter** an alle Haushalte verteilt. Sie erscheinen meist ein- oder zweimal in der Woche. Darin finden sich nur wenige Artikel zum aktuellen Geschehen in der Stadt oder Region. Dafür gibt es dort viel mehr Werbeanzeigen.

B Eine **Regionalzeitung** ist eine kostenpflichtige Tageszeitung, die in einer bestimmten Region oder einer Stadt erscheint. Sie berichtet über allgemeine aktuelle Themen aus der ganzen Welt und liefert Nachrichten aus den Bereichen Politik, Wirtschaft, Kultur und Sport. Ein Schwerpunkt liegt auf den Nachrichten aus der Region. Sie erscheint als gedruckte Version zum Kauf oder zum Abonnieren sowie digital als E-Paper.

C **Überregionale Zeitungen** erscheinen im ganzen Land und kosten ebenfalls Geld. Sie berichten ausführlicher über Politik, Wirtschaft und Kultur und weniger über regionale Ereignisse. Auch diese erscheinen täglich und können in Papierform oder als E-Paper gelesen werden.

D **Zeitschriften** erscheinen nicht täglich, sondern in regelmäßigen Abständen: wöchentlich, alle 14 Tage oder einmal im Monat. Fachzeitschriften beschäftigen sich mit einem ausgewählten Thema, zum Beispiel Mode, Musik, Computer oder Wissenschaft. Andere Zeitschriften sind speziell für eine bestimmte Lesergruppe gestaltet, wie zum Beispiel Kinder, Jugendliche, Frauen oder Männer. Zeitschriften kosten ebenfalls Geld.

2 Ordne die abgebildeten Informationsmedien den Zeitungsarten zu. Trage den Buchstaben ein.

3 Welche Druckmedien kennt ihr? Bringt verschiedene mit und vergleicht: Wie oft erscheinen sie? Wie heißt das Produkt? Zu welcher Zeitungsart gehören sie? Welche Themen werden behandelt?

Fachbegriffe kennen

Die Fachbegriffe zum Zeitungsartikel kannst du im Basisbuch auf Seite 169 nachlesen.

1 Lies den Text und markiere die Fachbegriffe.

Aufbau eines Zeitungsartikels
Zeitungsartikel sind nach einem vorgegebenen Schema aufgebaut. Die Überschrift eines Artikels heißt Schlagzeile (Headline). Sie soll neugierig auf den darunter stehenden Artikel machen. Große Schlagzeilen haben eine Unterzeile darunter. Hier findest du weitere kurze Informationen zum Thema. Die Anordnung des Textes erfolgt in Spalten. Zu Beginn des Artikels findest du einen fett gedruckten Vorspann. Dieser leitet in die Thematik ein und liefert meist weiterführende Informationen. Bei einem eingefügten Foto in einer Zeitung findet man unter diesem die Bildunterschrift als Erläuterung.

2 Schreibe die Fachbegriffe an die richtige Stelle des Zeitungsartikels.

Der „Dinosaurier“
Ein Preis für Umweltsünder

Gewonnen, wie peinlich! Bald ist es wieder so weit, gespannt warten alle auf die Nominierung des Preises für Umweltsünder, des „Dinosaurier“.

Manche Auszeichnungen sind kein Grund zur Freude. Dazu gehört auch der „Dinosaurier“. Dieser wird vom Naturschutzbund Deutschland (NABU) jedes Jahr an Personen verliehen, die nach Meinung des NABU in Sachen Umweltschutz besonders rückschrittlich gehandelt und dadurch der Natur geschadet haben. Zu den Preisträger in den vergangenen Jahren gehörten Politiker und Manager von Firmen. Der Preis ist ein Dinosaurier aus Zinn. Er wiegt fast drei Kilogramm. Der NABU vergibt den Preis seit 1993

Für Waldrodungen gibt es den „Dinosaurier“.

3 Sprecht über den Inhalt des Zeitungsartikels. Wem würdet ihr den „Dinosaurier“ in diesem Jahr verleihen? Begründet eure Entscheidung.

BB S. 169, BO S.

Einen Bericht schreiben

1 Auf der Redaktionssitzung haben die Kinder Themen für ihre Abschlusszeitung gesammelt. Kreuze an, welche Themen für einen Bericht geeignet sind.

2 Finde ein eigenes Thema und trage es ein.

- ☐ Witze und Rätsel
- ☐ Unsere Zoo-Woche
- ☐ Unser Zirkusprojekt
- ☐ Im Landheim
- ☐ Mein Lieblingsrezept
- ☐ Lesenacht im zweiten Schuljahr
- ______________________

3 Entscheide dich für ein Thema und formuliere eine interessante Überschrift. Beantworte die W-Fragen in Stichworten und schreibe einen Schlusssatz.

Überschrift: ______________________

Wer war beteiligt? ______________________

____

Wann und wo ist es passiert? ______________________

____

Was ist geschehen? ______________________

____

____

Schlusssatz: ______________________

____

4 Schreibe einen Bericht mithilfe deiner Stichworte und Sätze. Prüfe, ob du im Bericht alle Hinweise umgesetzt hast.

Das Dativobjekt

1 Lies die Sätze.
Beantworte die Frage nach dem Dativobjekt.

- Die dpa liefert den Zeitungen Nachrichten.

Wem liefert die dpa Nachrichten?

den Zeitungen

dpa
Die Deutsche Presse-Agentu
(dpa) ist eine große Nach-
richtenagentur. Ihre Mitarbeit
(Korrespondenten) berichten
in Wort, Bild, Grafik und Ton
rund um die Uhr aus aller We

- Korrespondenten übermitteln der dpa Informationen.

Wem übermitteln Korrespondenten Informationen? ______

- Die dpa verkauft den Zeitungsverlagen Nachrichten.

Wem verkauft die dpa Nachrichten? ______

2 Bilde mit den Satzgliedern einen Satz.
Frage in jedem Satz mit Wem? nach dem Dativobjekt.
Schreibe die Fragen mit den passenden Antworten auf.
Markiere das Fragewort und das Dativobjekt.

die Nachrichten • den Redakteuren • helfen

Die Nachrichten helfen den Redakteure

Wem helfen

der Redaktion • die Fotos • fehlen

gefallen • der Bericht • den Lesern

3 Schreibe eigene Sätze mit Dativobjekten und bilde die passenden Fragen.

BB S. 176, BO S. 193/

Gesprochene und geschriebene Sprache

1 Ordne die Begriffe **gesprochene Sprache** und **geschriebene Sprache** zu.

Preisverdächtig
In diesem Schuljahr hat die Klasse 4 a die größte Zucchini im Schulgarten gezüchtet. Somit geht der Gartenpreis an die engagierten Gärtnerinnen und Gärtner.
Herzlichen Glückwunsch!

______________________ ______________________

2 Welche Sätze passen? Kreuze an.

☐ Mia gefielen die Pausenzeiten sehr gut.

☐ Mia fand die Pausenzeiten eher langweilig.

☐ Am liebsten lernte Luis in der Hängematte.

☐ Sehr gern entspannte sich Luis in der Hängematte.

3 Was ist gemeint? Formuliere die Sprechblasen in geschriebene Sprache um.

____

____

____

____

____

____

BB S. 177, BO S. 195

Anredepronomen

1 Lies die E-Mails. Markiere die Anredepronomen.

Hallo ihr alle,
ich möchte für unsere Schülerzeitung eine Politikerin oder einen Politiker interviewen. Seid ihr damit einverstanden? Wenn nicht, meldet euch bei mir per Mail oder Brief.
Viele Grüße
euer Reporter Till

Hallo Frau Naumann,
ich möchte Sie als Chefredakteurin über meine Idee informieren.
Darum leite ich Ihnen meine Anfrage an das Team weiter.
Auf Ihre Antwort bin ich gespannt.
Viele Grüße
Ihr Reporter Till

2 Setze die passenden Anredepronomen richtig ein. Achte auf die Großschreibung.

An	oberbürgermeister@tintopost.de
Betreff	Anfrage für ein Interview

Sehr geehrter Herr Oberbürgermeister,
wir möchten Sie ______ höflich fragen, ob ______ unserer Schülerzeitung ein Interview geben würden. Wir interessieren uns sehr für ______ Arbeit. Da ______ viele Entscheidungen für Schulen und Kinder treffen, gehen wir davon aus, dass ______ Kinder sehr wichtig sind. Bevor wir ______ unsere Fragen vorlegen, möchten wir gern erfahren, ob wir mit ______ Unterstützung rechnen können. Über ______ positive Antwort an unsere Chefredakteurin Frau Naumann würden wir uns sehr freuen.
Herzliche Grüße
______ Redaktionsteam „Der rasende Schulblitz“

3 Schreibe die Antwort des Oberbürgermeisters an Frau Naumann.

BB S. 178, BO S.

Komma und Konjunktion

1 Lies die Sätze. Markiere das Komma und die Konjunktion.

2 Bilde zwei weitere Sätze mit den Konjunktionen **weil** und **falls**.

Die Kinder bringen Zeitschriften mit. Sie können sie vorstellen.
Die Kinder bringen Zeitschriften mit, damit sie sie vorstellen können.
Die Kinder bringen Zeitschriften mit, denn sie können sie vorstellen.

3 Verbinde die Sätze mit den Konjunktionen **weil**, **damit** und **denn** zu einem Satz.

Eine Schlagzeile soll interessant sein. Viele lesen dann den Artikel.

Eine Schlagzeile soll interessant sein,

4 Bilde drei Sätze mit den Konjunktionen **aber**, **obwohl** und **wenn**.
Achte auf das Komma.

Das kann ich schon

Das Dativobjekt

1 Bilde mit den Satzgliedern einen Satz. Frage in jedem Satz mit Wem? nach dem Dativobjekt. Schreibe die Fragen mit den passenden Antworten auf. Markiere das Fragewort und das Dativobjekt.

ein Blatt • Paul • Fatma • leiht

dem Vorschlag • stimmen zu • alle

die Idee • gefällt • sehr gut • Jakob

Komma und Konjunktion

2 Verbinde die Sätze mit den Konjunktionen **weil** und **damit** zu einem Satz.

Der Witz ist lustig. Viele Kinder lachen.

Lia kauft ein Rätselheft. Sie kann Sudokus lösen.

Diese Seite fand ich:
○ leicht ○ mittel ○ schw